当代中国微记录

GLIMPSES OF CONTEMPORARY CHINA

「乡土家园」

INTO THE CHINESE COUNTRYSIDE

李禄兴 主编
袁 牧　王伟明　彭 博　编著

Chief compiler: Li Luxing
Compilers: Yuan Mu　Wang Weiming　Peng Bo

SinolinguA
华语教学出版社

First Edition 2019

ISBN 978-7-5138-1635-9

Published by Sinolingua Co., Ltd
24 Baiwanzhuang Road, Beijing 100037, China
Tel: (86)10-68320585 68997826
Fax: (86)10-68997826 68326333
http://www.sinolingua.com.cn
E-mail: hyjx@sinolingua.com.cn
Facebook: www.facebook.com/sinolingua
Printed by Beijing Xicheng Printing Co. Ltd

Printed in the People's Republic of China

编者的话

近年来，中国在国际上的影响力逐渐增强，很多人渴望了解中国，不仅想了解中国的古老文明，更希望了解当下的中国社会和普通中国人的日常生活。另外，随着孔子学院和孔子课堂在世界各地生根，大量学生，特别是中小学生在学习汉语过程中希望通过语言学习更直接地认识这个古老国家的今天是什么样子的。同时，笔者根据在海外多年的教学经历也体会到，如果一个学生对使用该语言的国家一无所知或知之不多，往往会影响他们对这种语言的学习兴趣。

了解中国，从细微处开始，于是有了这套“当代中国微记录”。这套书共10册，每一册着重介绍中国的某一方面，例如：饮食、交通、家庭，等等，针对新HSK水平考试5级以上汉语学习者，尽可能将词汇量限定在2500-3000范围以内，超范围词汇在词后直接加英文注释，以方便学习者阅读和理解。本套书以平民的视角、平实的语言和家长里短的故事性叙述，将当今中国的各个侧面展现在汉语学习者面前，汉语学习者可以边学汉语边达到了解现实中国的目的。为减轻学习者的畏难心理负担，每册书只有大概一万多汉字，并全部配有汉语拼音，附赠的拼音隐形卡可以给不需要拼音辅助的学习者提供帮助。书中有大量图片，便于学习者理解内容，对中国有更直观的认知。这套书可以作为孔子学院或孔子课堂的汉语教材使用，也可以做中国国情课的教材或汉语课外读物。

感知中国，从“当代中国微记录”开始！

编　者

目录 | CONTENTS

农民专业合作社分红

WHENEVER

宜昌市夷陵区新型农村合作医疗卡
宜昌市夷陵医院
新型农村合作医疗定点医院

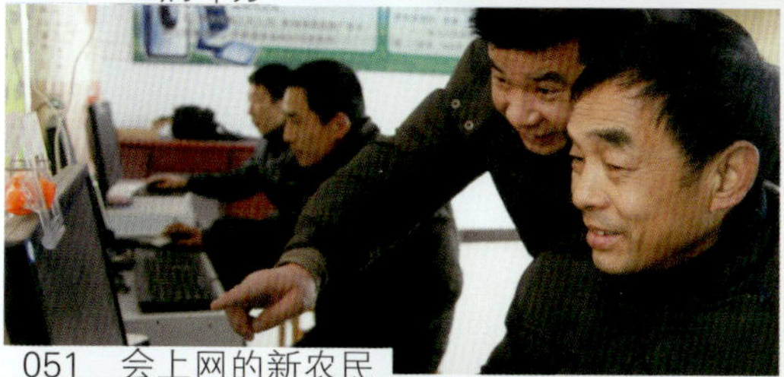

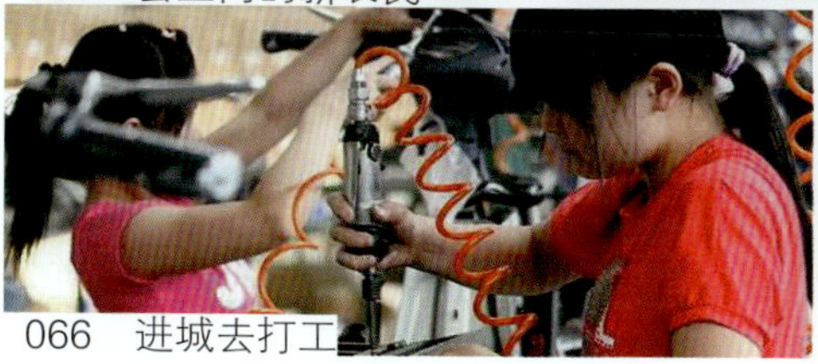

Nóngcūn Miànmào Dà Biànqiān

农村面貌大变迁

Guóqìng jiàqī , Lǐ Wéi gēnsuí fùmǔ huí Běifāng Shāndōng
国庆 假期，李 维 跟随 父母 回 北方 山东

lǎojiā tànqīn . Zhè shì shíwǔ suì de tā dì-èr cì huí jiāxiāng .
老家 探亲。这 是 十五 岁 的 他 第二 次 回 家乡。

Lǐ Wéi shì yí gè chūshēng zài Shēnzhèn de chéngli háizi ,
李 维 是 一 个 出生 在 深圳 的 城里 孩子，

tā de lǎojiā zài Shāndōng Yāntái de yí gè xiǎo cūnzhuāng .
他 的 老家 在 山东 烟台 的 一 个 小 村庄。

Tā duì nóngcūn de liǎojiě chúle láizì yú diànshì , wǎngluò
他 对 农村 的 了解 除了 来自 于 电视、网络

zhīwài , jiù shì qī nián qián tā dì-yī cì gēnsuí fùmǔ
之外，就 是 七 年 前 他 第一 次 跟随 父母

huíxiāng guò Chūn Jié de jìyì . Duì tā láishuō, nà bìng bú
回乡过春节的记忆。对他来说，那并不
shì yí duàn měihǎo de huíyì .
是一段美好的回忆。

Qī nián qián de Chūn Jié, Lǐ Wéi tóng fùmǔ, yéye,
七年前的春节，李维同父母、爷爷、
nǎinai yìqǐ huí lǎojiā guònián. Tāmen xiān chéngzuò huǒchē
奶奶一起回老家过年。他们先乘坐火车
zài huànchéng qìchē, zhǎnzhuǎn
再换乘汽车，辗转 (pass through many places)
gè xiǎoshí cái dàojiā. Yí xiàchē, xiǎo Lǐ Wéi jiù juē-
40个小时才到家。一下车，小李维就撅 (to
qǐle zuǐ. Dōngtiān de cūnzhuāng yòu lěng yòu huāngliáng
pout) 起了嘴。冬天的村庄又冷又荒凉
, zhǐyǒu xíngzhuàng gèyì,
(bleak and de so late; wild)，只有形状各异、
dàxiǎo bùtóng de jǐshí gè dī'ǎi píngfáng, kōngqì li mímàn
大小不同的几十个低矮平房，空气里弥漫
zhe méitàn ránshāo hòu qiàng rén
着 (be suffused with) 煤炭燃烧后呛人 (irritating)
de wèidào yǐjí shēngkou fènbiàn de
的味道以及牲口粪便 (excrement and urine) 的
wèidào. Tōngwǎng zēngzǔfù jiā de lù kēngkengwāwā
味道。通往曾祖父家的路坑坑洼洼
, zēngzǔfù de fángzi yòu xiǎo yòu pò. Quán jiā wǔ
(bumpy)，曾祖父的房子又小又破。全家五
kǒu rén jǐ zài bú dà de sān jiān fáng li, qǔnuǎn zuòfàn quán
口人挤在不大的三间房里，取暖做饭全

dōu yīkào shāo méi . Zuì ràng Lǐ Wéi nányǐ rěnshòu de yǒu liǎng
都依靠烧煤。最让李维难以忍受的有两

jiàn shì : yī shì shuìjiào , èr shì shàng cèsuǒ . Lǐ Wéi
件事：一是睡觉，二是上厕所。李维

cóngxiǎo zài nánfāng zhǎngdà , gēnběn shìyìng bu liǎo běifāng de
从小在南方长大，根本适应不了北方的

hánlěng , yě shuì bu xíguàn huǒkàng
寒冷，也睡不习惯火炕 (heatable brick or adobe

. Wǎnshang , tā tǎng zài kàng shang fānlái-fùqù
bed)。晚上，他躺在炕上翻来覆去 (move

shuìbuzháo , fángzi sìchù tòufēng , kěshì
from side to side) 睡不着，房子四处透风，可是

shēn xià de huǒkàng hái rè de tàng rén , shàngbian lěng xiàbian
身下的火炕还热得烫人，上边冷下边

rè de gǎnjué zhēnshì jiān'áo . Yóuyú méiyǒu shìnèi
热的感觉真是煎熬 (torture)。由于没有室内

wèishēngjiān , shàng cèsuǒ yào pǎodào wūhòu dājiàn de jiǎnyì
卫生间，上厕所要跑到屋后搭建的简易

cèsuǒ , yòu zāng yòu chòu yòu lěng . Suīrán zēngzǔfù yì jiā jí
厕所，又脏又臭又冷。虽然曾祖父一家及

xiāngqinmen dōu hěn rèqíng , dànshì Lǐ Wéi háishi juéde hěn
乡亲们都很热情，但是李维还是觉得很

wúliáo . Zhèli méiyǒu wǎngluò , diànshì yě zhǐyǒu wǔ gè
无聊。这里没有网络，电视也只有五个

píndào , zhè duì xíguàn yú wán diànnǎo yóuxì hé kàn kǎtōngpiàn
频道，这对习惯于玩电脑游戏和看卡通片

de tā láishuō shízài shì tòngkǔ . Cūn li méiyǒu Kěndéjī
的他来说实在是痛苦。村里没有肯德基

, méiyǒu dà chāoshì, zhǐyǒu yì jiān xiǎoxiǎo de
(KFC)，没有大超市，只有一间小小的

záhuòpù , chūshòu de dōu shì jiàngyóu, shíyán,
杂货铺(grocery)，出售的都是酱油、食盐、

yáshuā, máojīn, wèishēngzhǐ děng shēnghuó bìxūpǐn, língshí
牙刷、毛巾、卫生纸等生活必需品，零食

fēicháng shǎo. Zǒngzhī, chéngshì li de xīnxiān shìwù
非常少。总之，城市里的新鲜事物(thing)

zhèli dōu méiyǒu. Lǐ Wéi hěn bù kāixīn de dùguòle zài
这里都没有。李维很不开心地度过了在

xiāngxia de qī tiān, bìng zài xīnli mòniàn
乡下的七天，并在心里默念(read silently)

yǐhòu zàiyě búyào dào zhège dìfang lái le.
以后再也不要到这个地方来了。

Jīnnián, zēngzǔfù bìng zhòng, shífēn xiǎng jiàn Lǐ Wéi.
今年，曾祖父病重，十分想见李维。

Lǐ Wéi bùdébù gēnsuí fùmǔ zàicì huí xiāng. Qǐchéng
李维不得不跟随父母再次回乡。启程

zhīqián, Lǐ Wéi zuòle chōngfèn zhǔnbèi, dàile bǐjìběn
之前，李维做了充分准备，带了笔记本

diànnǎo, wúxiàn wǎngkǎ, , hái dàile yí dà bāo
电脑、无线网卡、IPAD，还带了一大包

língshí. Fùmǔ gēn tā shuō búyòng dài zhèxiē, xiànzài nóngcūn
零食。父母跟他说不用带这些，现在农村

tiáojiàn hǎo, zhèxiē dōngxi zēngzǔfù jiā dōu yǒu le. Lǐ Wéi
条件好，这些东西曾祖父家都有了。李维

bù xiāngxìn fùmǔ de huà, réngjiù tāmen shànglù le.
不相信父母的话，仍旧背着它们上路了。

Xiàle fēijī, Tángbó de
下了飞机，堂伯 (elder uncle on the paternal side) 的

chē yǐjīng děngzài jīchǎng wài. Yí lù shang, Lǐ Wéi kàndào
车已经等在机场外。一路上，李维看到

de shì zhěngqí de lóufáng, píngtǎn de bǎiyóulù
的是整齐的楼房，平坦的柏油路 (tarmac

, xiàndàihuà de nóngyè jīxiè shèbèi. Zhè nǎli hái shì
road)，现代化的农业机械设备。这哪里还是

nàge pòluò de xiǎo cūnzhuāng? Dàbó kàndào tā jīngyà de
那个破落的小村庄？大伯看到他惊讶的

biǎoqíng, shuō: "Xiǎowéi a, yǒu jǐ nián méi huílai le ba,
表情，说："小维啊，有几年没回来了吧，

xiànzài zánmen zhèr kěshì dà biànyàng le. Qián jǐ nián
现在咱们这儿可是大变样了。前几年

cūn li jítǐ gǎizào zhùfáng, jiànle xiàndài xiǎo yángfáng
村里集体改造住房，建了现代小洋房

, zánmen dōu bāndào xīn fángzi
(Western-style building)，咱们都搬到新房子

le. Xīn fángzi shì jízhōng gōngnuǎn de, búyòng shāo méi le,
了。新房子是集中供暖的，不用烧煤了，

hái yǒule shìnèi wèishēngjiān, zài jiā li yě kěyǐ xǐzǎo
还有了室内卫生间，在家里也可以洗澡

le." Liáozhe cūn li de biànhuà, jiù dàole de xīn
了。"聊着村里的变化，就到了曾祖父的新

jiā. Zhèli kuānchang míngliàng, cǎidiàn, bīngxiāng,
家。这里宽敞明亮，彩电、冰箱、

xǐyījī děng jiāyòngdiànqì yìyīngjùquán
洗衣机等家用电器一应俱全 (everything needed

, érqiě háiyǒu diànnǎo hé wǎngluò . Xiǎoqū
is available)，而且 还有 电脑 和 网络。小区

li yǒu gè zhǒng jiànshēn qìcái , hái
(housing subdivision) 里 有 各 种 健身 器材，还

shèyǒu zhuānmén de huódòngshì hé yuèlǎnshì . Xiǎoqū wài méi
设有 专门 的 活动室 和 阅览室。小区 外 没

duō yuǎn jiù yǒu yí gè dàxíng chāoshì , gè zhǒng shāngpǐn
多 远 就 有 一 个 大型 超市，各 种 商品

yīngyǒujìnyǒu . Zhèli de
应有尽有 (have all that is necessary)。这里 的

shēnghuó yǔ chéngshì li jīhū méiyǒu chābié . Lǐ Wéi hàoqí
生活 与 城市 里 几乎 没有 差别。李 维 好奇

de wèn dàbó : " Dàbó a , zánmen xiànzài dōu zhùshàng
地 问 大伯："大伯 啊，咱们 现在 都 住上

lóufáng le , nà jiā li yuánlái yǎng de nàxiē zhū a , jī a
楼房 了，那 家里 原来 养 的 那些 猪 啊、鸡 啊

dōu qùle nǎli ? " Dàbó shuō : " Yuánlái shēnghuó tiáojiàn
都 去了 哪里？"大伯 说："原来 生活 条件

bù hǎo, yǎng zhū shì wèile guònián de shíhou néng gǎishàn
不好，养猪是为了过年的时候能改善
yíxià huǒshí, xiànzài yǒuqián le, tiāntiān dōu kéyǐ mǎi ròu
一下伙食，现在有钱了，天天都可以买肉
chī. Dāngchū yǎng niú mǎ shì wèile néng ràng tāmen gàn
吃。当初养牛马是为了能让它们干
nónghuór, xiànzài dōu jīxièhuà shēngchǎn le, yòng bu shàng
农活儿，现在都机械化生产了，用不上
niú mǎ le, zǎo dōu bù yǎng le. Zhìyú jī ne, zán jiā zài
牛马了，早都不养了。至于鸡呢，咱家在
qiánnián bànle gè yǎngjīchǎng, jiù zài cūn dōng tóur, yǒu
前年办了个养鸡场，就在村东头儿，有
duō zhī jī ne. Míngtiān dài nǐ qù kànkan." Dì-èr
2000 多只鸡呢。明天带你去看看。”第二
tiān, zài dàbó de dàilǐng xià, Lǐ Wéi cānguānle yǎngjīchǎng
天，在大伯的带领下，李维参观了养鸡场
hé zhěnggè cūnzi. Cūn li, jūzhùqū yǔ gēngzuòqū yǐjīng
和整个村子。村里，居住区与耕作区已经
wánquán fēnkāi, bǎiyóulù sìtōng-bādá
完全分开，柏油路四通八达 (tarmacked road
, lù shang yǒu xǔduō bēnchí de qìchē,
reach everywhere)，路上有许多奔驰的汽车，
zhuāngjiadì li xiàndàihuà de jīqì shèbèi hōnghōng zuòxiǎng,
庄稼地里现代化的机器设备轰轰作响，
jiē shang de rénmen chuān de dōu hěn shímáo, měi gè rén de
街上的人们穿得都很时髦，每个人的
liǎnshang dōu yángyì zhe xìngfú de wēixiào.
脸上都洋溢 (be full of) 着幸福的微笑。

Jìn jǐ nián lái,
近 几 年 来，
Zhōngguó nóngcūn de miànmào
中国 农村 的 面貌
yǒule hěn dà de gǎibiàn.
有了 很 大 的 改变。
Wúlùn shì shēngchǎn tiáojiàn
无论是 生产 条件
háishi shēnghuó tiáojiàn dōu
还是 生活 条件 都
yǒule gǎishàn. Zài nóngyè
有了 改善。在 农业
shēngchǎn fāngmiàn, nóngcūn
生产 方面，农村
gàobiéle guòqù yīkào rénlì,
告别了 过去 依靠 人力、
chùlì wéizhǔ de gēngzuò
畜力 为主 的 耕作
fāngshì, jīxièhuà dà shēngchǎn chéngwéi zhǔliú. Kējì zài
方式，机械化 大 生产 成为 主流。科技 在
shēngchǎn zhōng fāhuīle hěn dà zuòyòng, xīn pǐnzhǒng, xīn
生产 中 发挥了 很大 作用，新 品种、新
jìshù yǐnrù shēngchǎn zhōng, nóngchǎnpǐn zhìliàng hé jīngjì
技术 引入 生产 中，农产品 质量 和 经济
xiàoyì dōu yǒusuǒ tígāo. Hěnduō xiāngcūn zài fāzhǎn nóngyè
效益 都 有所 提高。很多 乡村 在 发展 农业
gēngzuò de tóngshí, yě zhùzhòng chǎnyèliàn de
耕作 的 同时，也 注重 产业链 (industrial chain) 的

yánshēn, lùsè shípǐn hé liángshi shēn jiāgōng chǎnyè chéngwéi
延伸，绿色食品①和粮食深加工产业成为

tuīdòng nóngcūn jīngjì fāzhǎn de zhǔlì zhīyī. Nóngyè shēngchǎn
推动农村经济发展的主力之一。农业生产

fāngshì yě yóu gè jiā gè hù gèzì gēngzuò xiàng nóngmín zhuānyè
方式也由各家各户各自耕作向农民专业

hézuòshè zhuǎnbiàn. Nóngyè shēngchǎn zǒushàngle jíyuēhuà,
合作社②转变。农业生产走上了集约化、

kējìhuà de dàolù. Zài shēnghuó fāngmiàn, yángfáng, gāolóu
科技化的道路。在生活方面，洋房、高楼

jiàn qǐlai le, gōnglù jīběn shíxiànle cūncūn tōng, guǎngbō,
建起来了，公路基本实现了村村通，广播、

diànshì, wǎngluò chú shǎoshù piānyuǎn dìqū wài jūn yǐ fùgài,
电视、网络除少数偏远地区外均已覆盖，

fúwùyè yě zhújiàn fāzhǎn qǐlai. Nóngmínmen bān xīn jiā le,
服务业也逐渐发展起来。农民们搬新家了，

mǎi xīn chē le, guò shàng xīn shēnghuó le.
买新车了，过上新生活了。

---

① Green Food stands for edible produce and processed products produced in sustainable environment and technical standards with wholesome quality control, non-pollution, safety and quality.

The standard of Green Food is prepared on the basis of CAC(Codex Alimentarius Commission)'s standard and with reference to those of the developed countries, and reaches the corresponding international standards in general.

② Specialized farmers cooperatives are mutual-help economic organizations joined voluntarily and managed in a democratic manner by the producers and operators of the same kind of farm products or by the providers or users of services for the same kind of agricultural production and operation. It mainly serve their members, offering such services as purchasing the means of agricultural production, marketing, processing, transporting and storing farm products, and providing technologies and information related to agricultural production and operation.

Bānjìn Xīn Lóufáng
搬进新楼房

Chéngzhènhuà shì Zhōngguó nóngcūn gǎigé de yí gè
城镇化 是 中国 农村 改革 的 一 个

qūshì, shì nóngmín shēnghuó de zhuǎnzhédiǎn. Chéngzhènhuà
趋势，是 农民 生活 的 转折点。 城镇化

bìng bú shì ràng nóngmín dōu yǒngxiàng chéngshì,
并 不 是 让 农民 都 涌 向 (pour into) 城市，

ér shì jiāng nóngcūn zhuǎnbiàn wéi chéngzhèn, ràng nóngmín zài
而是 将 农村 转变 为 城镇，让 农民 在

jiā ménkǒu jiù néng xiǎngshòu dào chéngshì de shēnghuó.
家门口就能享受到城市的生活。

Hóngxīng Shèqū wèiyú Hā'ěrbīn Shì Lánxī Xiàn,
红星社区位于哈尔滨市兰西县，2012
nián, zhèli yíngláile dì-yī pī jūmín, yuán Shānnán Cūn de
年，这里迎来了第一批居民，原山南村的
hù nóngmín bānjìnle xīnjū. Hóngxīng Shèqū shì Lánxī
75户农民搬进了新居。红星社区是兰西
Xiàn tuījìn xiǎochéngzhèn jiànshè hòu jiànlì qǐlai de yí gè
县推进小城镇建设后建立起来的一个
quánxīn de jūmín jùjūqū, jùlí yuán Shānnán Cūn
全新的居民聚居区，距离原山南村30
gōnglǐ, gèng kàojìn xiànchéng. Zhěnggè shèqū gòng jiàn yǒu
公里，更靠近县城。整个社区共建有
lóufáng dòng, bìng zhěngtǐ guīhuà yǒu gōngyuán,
楼房10栋，并整体规划有公园、
yùndòngchǎng, túshūguǎn, shāngchǎng, shì yí gè pèitào
运动场、图书馆、商场，是一个配套
shèshī wánshàn de xiàndàihuà shèqū. Yuán Shānnán Cūn de
设施完善的现代化社区。原山南村的75
hù jūmín ànzhào "chètúnbìngxiāng
户居民按照"撤屯并乡(cancel village
" fāng'àn
administration and merge it into a township)"方案
zhěngtǐ bānqiān zhì cǐ, Shānnán Cūn de jiùzhǐ jiāng jiànshè
整体搬迁至此，山南村的旧址将建设
chéng yí gè xiàndàihuà de chǎnyè yuánqū. Cūnmín Liú Guìfēn
成一个现代化的产业园区。村民刘桂芬

shuō: "Cónglái méi xiǎngguo zìjǐ zhè bèizi hái néng zhùshàng
说："从来 没 想过 自己 这 辈子 还 能 住上

lóufáng." Liú Guìfēn jīnnián suì, shì tǔshēng-tǔcháng de
楼房。"刘 桂芬 今年 55 岁，是 土生土长 的

Shānnán Cūn rén, érzi dàxué bìyè hòu liúzàile Dàqìng Shì
山南 村 人，儿子 大学 毕业 后 留在了 大庆 市

gōngzuò, jiā li zhǐyǒu tā hé lǎobànr liǎng kǒu rén. Qǐchū
工作，家 里 只有 她 和 老伴儿 两 口 人。起初

dézhī "chètúnbìngxiāng" de xiāoxi shí, Liú Guìfēn xīnli
得知"撤屯并乡"的 消息 时，刘 桂芬 心里

chǎnshēngle yìxiē gùlǜ : Yī shì jiāli zhè mǔ
产生了 一些 顾虑 (anxiety)：一 是 家里 这 30 亩

gēngdì zěnmebàn? Èr shì bú zhòngdì le jīngjì láiyuán cóng
耕地 怎么办？二 是 不 种地 了 经济 来源 从

nǎli zhǎo? Sān shì zhù lóufáng hòu yào jiāo wùyèfèi,
哪里找？三是住楼房后要交物业费、
qǔnuǎnfèi, zhè huì bu huì chéngwéi jīngjì fùdān? Hòulái,
取暖费，这会不会成为经济负担？后来，
xiāngzhèngfǔ tíchū de pèitào zhèngcè xiāochúle tā de gùlǜ.
乡政府提出的配套政策消除了她的顾虑。
"Chètúnbìngxiāng" hòu, gēngdì kě liúzhuǎn gěi chǎnyè yuánqū,
"撤屯并乡"后，耕地可流转给产业园区，
měi mǔ dì měi nián kě shōu zūjīn yuán. Xiāng li wèi
每亩地每年可收租金500元。乡里为
cūnmín tígōng jiùyè jīhuì, jì kěyǐ dào xiāng mùcáichǎng
村民提供就业机会，即可以到乡木材厂
dǎgōng, hái kěyǐ zài chǎnyè yuánqū jiànchéng hòu yōuxiān dào
打工，还可以在产业园区建成后优先到
chǎnyè yuánqū dǎgōng, jiùdì shíxiàn "nóng" zhuǎn "gōng".
产业园区打工，就地实现"农"转"工"。
xiāng li hái gǔlì cūnmín zìzhǔ chuàngyè. Duìyú qǔnuǎnfèi hé
乡里还鼓励村民自主创业。对于取暖费和
wùyèfèi, xiāng li ànzhào bǐlì fāfàng bǔtiē.
物业费，乡里按照比例发放补贴(allowances)。
Liú Guìfēn shuō: "Wǒ hé lǎobànr niánjì dōu dà le, yě gàn
刘桂芬说："我和老伴儿年纪都大了，也干
bu dòng nónghuór le. Jìrán zhèngcè zhème hǎo, wǒmen jiù
不动农活儿了。既然政策这么好，我们就
bāndào xīnqū xiǎngxiang qīngfú ba. Érzi yě zhīchí wǒmen
搬到新区享享清福吧。儿子也支持我们
bānjiā." Cūnmín Liú Yùmíng shì gè tóunǎo línghuó de qīngnián,
搬家。"村民刘玉明是个头脑灵活的青年，

zài Hóngxīng Shèqū gānggāng jiànchéng de shíhou, tā jiù
在 红星 社区 刚刚 建成 的 时候，他 就

zūle yí gè shāngpū kāile yí gè xiǎo fàndiàn. Tā shuō:
租了 一 个 商铺 开了 一 个 小 饭店。他 说：

"Dàjiā dōu bān guòlai zhù le, yǐhòu kěndìng shǎo bu liǎo
“大家 都 搬 过来 住 了，以后 肯定 少不了

qǐngkè, jùhuì de shì, zhème hǎo de shāngjī wǒ yídìng yào
请客、聚会 的 事，这么 好 的 商机 我 一定 要

bǎwò zhù. Yǐqián wǒ dōu shì zài chéng li dǎgōng, lí jiā
把握 住。以前 我 都 是 在 城 里 打工，离 家

yuǎn yòu zhuàn bu dào duōshao qián, xiànzài zài jiāménkǒu dāng
远 又 赚 不到 多少 钱，现在 在 家门口 当

lǎobǎn duō hǎo."
老板 多 好。”

Nóngcūn de chéngzhènhuà bùjǐn gǎibiànle nóngmín de
农村的城镇化不仅改变了农民的
shēnghuó, gèng tuīdòngle nóngcūn jīngjì de zhuǎnxíng. Zài
生活，更推动了农村经济的转型。在
chéngzhènhuà jiànshè zhōng, zuì zhòngyào de yí gè huánjié jiù
城镇化建设中，最重要的一个环节就
shì tǔdì de liúzhuǎn. Tōngguò tǔdì de
是土地的流转(circulation)。通过土地的
liúzhuǎn, jiāng guòqù fēnsàn de tǔdì zhěnghé qǐlai, jiéhé
流转，将过去分散的土地整合起来，结合
dāngdì zìrán tiáojiàn fāzhǎn tèsè chǎnyè, yǒulìyú
当地自然条件发展特色产业，有利于
zhuānyèhuà, jíyuēhuà fāzhǎn. Xiàng Shānnán Cūn
专业化、集约化(intensive)发展。像山南村
zhèyàng gēngdì zhìliàng yìbān dàn jiāotōng biànlì de cūnzi,
这样耕地质量一般但交通便利的村子，
jiànlì chǎnyè yuánqū shì hěn hǎo de xuǎnzé. Nàxiē gēngdì
建立产业园区是很好的选择。那些耕地
zhìliàng hǎo de cūnzhuāng, jiànlì nóngyè hézuòshè jìnxíng
质量好的村庄，建立农业合作社进行
jīxièhuà dà shēngchǎn shì zuì hǎo de xuǎnzé. Lìngwài yìxiē
机械化大生产是最好的选择。另外一些
huò fēngguāng xiùměi huò yōngyǒu lìshǐ yíjì de cūnzi,
或风光秀美或拥有历史遗迹的村子，
fāzhǎn lǚyóuyè shì búcuò de xuǎnzé. Chéngzhènhuà dǎpòle
发展旅游业是不错的选择。城镇化打破了
Zhōngguó jǐqiān nián lái liúchuán xiàlai de nóngmín bìxū
中国几千年来流传下来的农民必须

yīkào tǔdì chīfàn de chuántǒng guānniàn, wèi nóngmín
依靠土地吃饭的传统观念，为农民

tígōngle duōyànghuà de xuǎnzé.
提供了多样化 (diversified) 的选择。

Shānnán Cūn nóngmín Zhào Dōngfāng zài “gǔlì nóngmín
山南村农民赵东方在“鼓励农民

zìzhǔ chuàngyè” zhèngcè de bāngfú xià, xiàng nóngcūn xìnyòng
自主创业”政策的帮扶下，向农村信用

hézuòshè dàikuǎn wàn yuán jiànle yí gè
合作社贷款 (obtain a loan) 20 万元建了一个

yùmǐ jiāgōngchǎng, jiāng cūn li chūchǎn de yùmǐ jiùdì
玉米加工厂，将村里出产的玉米就地

jiāgōng chéng jíshí yùmǐpiàn, xiāo wǎng Zhōngguó gè dì, bìng
加工成即食玉米片，销往中国各地，并

chūkǒu Éluósī, Rìběn děng guó. Zhège xiǎo chǎngzi
出口俄罗斯、日本等国。这个小厂子

jiějuéle dāngdì bǎi yú rén de jiùyè wèntí. Nóngmín
解决了当地百余人的就业问题。农民

YángYuèróng jiārùle nóngmín zhuānyè hézuòshè, zuòle shè li
杨月蓉加入了农民专业合作社，做了社里

de nóngjù bǎoguǎnyuán, chúle měi yuè de gōngzī wài, niándǐ
的农具保管员，除了每月的工资外，年底

hái néng nádào fēnhóng. Nóngmín Sòng Chāo zài
还能拿到分红 (dividends)。农民宋超在

chǎnyè yuánqū zhōng de yì jiā wùliú qǐyè dāng sījī,
产业园区中的一家物流企业当司机，

shōurù yǔ guòqù zài chéng li dǎgōng jīběn chípíng...
收入与过去在城里打工基本持平……

Zhōngguó shì yí gè nóngyè dàguó, yōngyǒu bā yì duō
中国是一个农业大国，拥有八亿多
nóngmín. Suízhe xiàndàihuà nóngyè de fāzhǎn, yǒu yíbùfen
农民。随着现代化农业的发展，有一部分
nóngmín búzài cóngshì nóngyè shēngchǎn, zhè bùfen rén de
农民不再从事农业生产，这部分人的
jiùyè wèntí jídài jiějué. Zài guòqù, tāmen
就业问题亟待 (urgently) 解决。在过去，他们
dàbùfen xuǎnzé yuǎnlí jiāxiāng jìnchéng dǎgōng, yǒu xǔduō
大部分选择远离家乡进城打工，有许多
jiātíng guòzhe liǎngdì fēnjū de shēnghuó. Péngbó
家庭过着两地分居的生活。蓬勃 (vigorously)
xīngqǐ de chéngzhènhuà wèi jiějué nóngcūn fēinóngyè láodònglì
兴起的城镇化为解决农村非农业劳动力
zhuǎnyí de wèntí tígōngle
(non-agricultural labour force) 转移的问题提供了
yǒuxiào tújìng. Zài xīnxíng xiǎochéngzhèn zhōng, nóngmínmen
有效途径。在新型小城镇中，农民们
kěyǐ xiàng chéng li rén yíyàng zhù lóufáng, kāi qìchē, yǒu
可以像城里人一样住楼房、开汽车、有
gùdìng de gōngzuò, gùdìng de shàngbān shíjiān hé àn yuè
固定的工作、固定的上班时间和按月
lǐngqǔ de gōngzī. Zhōngguó de xīn nóngcūn jiànshè zhèngzài
领取的工资。中国的新农村建设正在
xiàng "zài jiāxiāng guò chéngshì shēnghuó" de chéngzhènhuà
向"在家乡过城市生活"的城镇化
jìnjūn.
进军。

Qiāokāi “ Chuàngfùmén ”

敲开“创富门”

nián mò， Ānhuī Shěng Fèngyáng Xiàn Xiǎogǎng Cūn

1978 年 末，安徽 省 凤阳 县 小岗 村

hù nóngmín zài dàbāogān

18 户 农民 在 大包干 (all-round contract system)

xiéyì shang ànxiàle shǒuyìn， jiēkāile Zhōngguó nóngcūn

协议 上 按下了 手印，揭开了 中国 农村

gǎigé de xùmù , liánchǎn chéngbāo zérènzhì
改革的序幕，联产承包责任制[1] (system of contracted responsibility linking remuneration to output; contract responsibility system)
zài nóngcūn kāishǐ tuīguǎng .
在农村开始推广。

duō nián jiān , suízhe shìchǎng jīngjì de fāzhǎn , nóngyè
30多年间，随着市场经济的发展，农业
shēngchǎn jīngyíng móshì yě zài búduàn gēngxīn ,
生产经营模式 (pattern) 也在不断更新，
zhèxiē nián chūxiànle yì zhǒng shìchǎnghuà de xīn móshì —
这些年出现了一种市场化的新模式——
nóngmín zhuānyè hézuòshè .
农民专业合作社。

Nóngmín zhuānyè hézuòshè shì zài nóngcūn jiātíng chéngbāo
农民专业合作社是在农村家庭承包
jīngyíng jīchǔ shang , tónglèi nóngchǎnpǐn de shēngchǎn
经营基础上，同类农产品的生产
jīngyíngzhě huòzhě tónglèi nóngyè shēngchǎn jīngyíng fúwù de
经营者或者同类农业生产经营服务的
tígōngzhě , lìyòngzhě , zìyuàn liánhé , mínzhǔ guǎnlǐ de
提供者、利用者，自愿联合、民主管理的
hùzhùxìng jīngjì zǔzhī . Zhè shì wánquán zìyuàn
互助性 (mutual help) 经济组织。这是完全自愿
cānyù , yōushì hùbǔ , fēngxiǎn
参与，优势互补 (mutually complementary)、风险

[1] Contract responsibility system: It has been adopted in agriculture, by which farmers are held responsible for their profits and losses.

gòngdān de xīnxíng hézuò xíngshì .
共担的新型合作形式。

nián dǐ , yì- zhí zài wài zuò shēngyi de Zhào Wéihé
2007年底，一直在外做生意的赵维和
juédìng huíxiāng fāzhǎn , tā tóuzī wàn yuán zài Wǔcháng
决定回乡发展，他投资300万元在五常
Shì Lóngfèng Xiāng chuànglìle Fùjiā Dàyuàn Wǔcháng Mǐyè
市龙凤乡创立了付家大院五常米业
Gōngsī , jiànlìle dàmǐ jiāgōngchǎng , zǔjiànle yóu qǐyè
公司，建立了大米加工厂，组建了由企业
kònggǔ ,
控股 (hold a controlling number of the shares) 51%、
nónghù kònggǔ de "Wǔcháng Shíwàn Rénjiā Zhòng-yǎngzhí
农户控股49%的“五常十万人家种养殖
Hézuòshè ". Cǎiyòng " qǐyè nóngmín zhuānyè hézuòshè
合作社”。采用“企业+农民专业合作社+
nónghù " de yùnzuò móshì ,
农户”的运作模式，
shēngchǎn , jiāgōng , xiāoshòu
生产、加工、销售
" Dàohuāxiāng " dàmǐ .
“稻花香”大米。
"Wǔcháng Shíwàn Rénjiā " zì
“五常十万人家”自
zǔjiàn yǐlái chénglìle gè
组建以来成立了5个
fēnshè , zhòngzhíle wàn
分社，种植了1.7万

mǔ yōuzhì “Dàohuāxiāng” pǐnzhǒng, hái yāoqǐng
亩优质“稻花香”品种，还邀请

“Dàohuāxiāng” yùzhǒng rén Xiàng Wénxiù duì
“稻花香”育种(breeding)人项文秀对

hézuòshè zhěngtǐ zhòngzhí guòchéng jìnxíng quánchéng
合作社整体种植过程进行全程(whole

zhǐdǎo. Zài hézuòshè guǎnlǐ fāngmiàn, hézuòshè
course)指导。在合作社管理方面，合作社

jiànlìle chéngyuán dàhuì zhìdù, shèzhì le lǐshìhuì
建立了成员大会制度、设置了理事会(executive

, jiānshìhuì , jiànquánle
council)、监事会(supervisory committee)，健全了

shēngchǎn xiāoshòu, cáiwù guǎnlǐ, yíngyú fēnpèi, péixùn
生产销售、财务管理、盈余分配、培训

jiàoyù děng zhìdù. Hézuòshè chuànglìle zìzhǔ pǐnpái “Fùjiā
教育等制度。合作社创立了自主品牌“付家

Dàyuàn”, shíxiànle shēngchǎn, xiāoshòu yìtǐhuà. Chénglì
大院”，实现了生产、销售一体化。成立

hézuòshè yǐhòu, shēngchǎn chéngběn jiàngdī le, jīngjì
合作社以后，生产成本降低了，经济

lìrùn shàngshēng le. Dì-yī nián, hézuòshè shēngchǎn de
利润上升了。第一年，合作社生产的

dàmǐ měi jīn gāo chū dāngdì qítā mǐchǎng píngjūn jiàgé
大米每斤高出当地其他米厂平均价格

yuán, měi shǎng dì duō shōurù yuán, měi jīn
0.15 元，每垧①地多收入 1500 元，每斤

① *shang*: a land measure equal to fifteen *mu* in most parts of the Northeast and three or five *mu* in the Northwest China

dàmǐ xiǎngshòu dào yuán
大米 享受 到 0.2 元
fēnhóng. Shèyuán Lǎo Zhào xīnxǐ
分红。社员 老 赵 欣喜
de shuō: " Jiārùle hézuòshè,
地 说："加入了 合作社，
bùjǐn zhòngtián chéngběn jiàngdī
不仅 种田 成本 降低
le, lìrùn zēngjiā le, hái
了，利润 增加 了，还
nádàole niánzhōng fēnhóng, érqiě
拿到了 年终 分红，而且
hái yīnwèi cāozuò shōugējī zhèngdào
还因为 操作 收割机 挣到
yìbǐ gōngzī. Zhè zài guòqù lián
一笔 工资。这 在 过去 连
xiǎng dōu bù gǎn xiǎng a."
想 都不敢 想 啊。"

nián, suì de Hú Dōngyě shòupìn chéngwéi
2010 年，28 岁的 胡 冬冶 受聘 成为
" Fùjiā Dàyuàn Wǔcháng Mǐyè " zhíxíng dǒngshì. Tā yǐqián
"付家 大院 五常 米业"执行 董事。他以前
yìzhí cóngshì méitǐ gōngzuò, tā de jiārù shǐ qǐyè zǒushàngle
一直从事媒体 工作，他的 加入 使 企业 走上了
méitǐhuà dàolù: Jiànlì qǐyè wǎngzhàn, zhùcè rènzhèng
媒体化 道路：建立 企业 网站、注册 认证
wēibó , tuīxíng
微博 (register a weibo account and get verified)、推行

wǎngluò tuángòu, yùnyòng bàokān, guǎngbō, diànshì děng
网络 团购，运用 报刊、广播、电视 等

méitǐ tuīguǎng pǐnpái, cānyù Zhōngguó gè dì nóngzhǎnhuì ...
媒体 推广 品牌，参与 中国 各地 农展会……

rújīn, “Fùjiā Dàyuàn” yōuzhì “Dàohuāxiāng” dàmǐ zài
如今，“付家 大院”优质“稻花香”大米 在

Dàqìng, Dàlián, Hā'ěrbīn, Běijīng děng dì shèyǒu
大庆、大连、哈尔滨、北京 等 地 设有

zhuānmàidiàn; tóngshí, gùkè hái kě tōngguò qǐyè wǎngzhàn hé
专卖店；同时，顾客还可 通过 企业 网站 和

rènzhèng wēibó yùdìng, bìng zài Zhōngguó duō gè chéngshì
认证 微博 预订，并 在 中国 多 个 城市

xiǎngshòu sònghuòshàngmén fúwù.
享受 送货上门 服务。

Nóngmín zhuānyè hézuòshè shì guǎngdà nóngmín zài nóngyè
农民 专业 合作社 是 广大 农民 在 农业

shēngchǎn zhōng zìzhǔ xuǎnzé de jiéguǒ,
生产 中 自主 (independent) 选择 的 结果，

tōngguò nóng-nóng liánhé, nóng-qǐ liánhé de tújìng jiāng língsǎn
通过 农农 联合、农企 联合 的 途径 将 零散

tǔdì zīyuán yǔ rénlì zīyuán zhěnghé qǐlai,
土地 资源 与 人力 资源 整合 (to integrate) 起来，

yùnyòng qǐyèhuà de guǎnlǐ fāngshì hé shǒuduàn, tǒngyī
运用 企业化 的 管理 方式 和 手段，统一

guīhuà, guǎnlǐ hé jīngyíng. Nóngmín zhuānyè hézuòshè
规划、管理 和 经营。农民 专业 合作社

jiějuéle yì jiā yí hù bàn bu liǎo, bàn bu hǎo, bànle bù
解决了 一家一户 办不了、办 不 好、办了 不

hésuàn de wèntí, jiàngdīle shēngchǎn chéngběn, cùjìnle
合算的问题，降低了生产成本，促进了

xīn jìshù tuīguǎng, yánchángle chǎnyèliàn, bǎozhèngle
新技术推广，延长了产业链，保证了

nóngchǎnpǐn zhìliàng, tígāole jīngjì shōuyì. Jù nián
农产品质量，提高了经济收益。据 2012 年

tǒngjì, Zhōngguó yīfǎ zhùcè dēngjì de nóngmín zhuānyè
统计，中国依法注册登记的农民专业

hézuòshè dádào wàn duō gè, fùgài Zhōngguó
合作社达到 55 万多个，覆盖 (to cover) 中国

de xíngzhèngcūn, yōngyǒu shèyuán duō wàn,
91.2% 的行政村，拥有社员 4300 多万，

fùgài Zhōngguó de nónghù . Cóng mùqián kàn ,
覆盖 中国 17.2% 的 农户。从 目前 看，
Zhōngguó de nóngyè hézuòshè réng chǔyú qǐbù jiēduàn ,
中国 的 农业 合作社 仍 处于 起步 阶段，
qiánjǐng háishì búcuò de . Duìyú nóngmín láishuō , jiārù nóngmín
前景 还是 不错 的。对于 农民 来说，加入 农民
zhuānyè hézuòshè bùjǐn tígāole tāmen de jīngjì shōurù ,
专业 合作社 不仅 提高了 他们 的 经济 收入，
gèng ràng tāmen yǒule zhǔxīngǔ . Zài hézuòshè li , dàjiā
更 让 他们 有了 主心骨。在 合作社 里，大家
yìqǐ shāngliang zhòng shénme , yǒu zhuānmén de lǎoshī zhǐdǎo
一起 商量 种 什么，有 专门 的 老师 指导
zěnme zhòng , hái yǒu tǒngyī de xiāoshòu qúdào . Shèyuánmen
怎么 种，还 有 统一 的 销售 渠道。社员们
gòngxiǎng zīyuán , gòng dān fēngxiǎn , gòng huò shōuyì . Zhèng
共享 资源，共 担 风险，共 获 收益。正
rú nóngmín Lǎo Yú shuō de nàyàng , jiārù hézuòshè xīn shǎo
如 农民 老 于 说 的 那样，加入 合作社 心 少
cāo le , lì shǎo chū le , qián duō zhuàn le , hé lè ér bù
操 了，力 少 出 了，钱 多 赚 了，何 乐 而 不
wéi ne ?
为 呢？

Nóngmín zhuānyè hézuòshè shì Zhōngguó xīnnóngcūn jiànshè
农民 专业 合作社 是 中国 新农村 建设
de zhòngyào chéngjiù zhī yī . Mùqián , Zhōngguó de nóngmín
的 重要 成就 之一。目前，中国 的 农民
zhuānyè hézuòshè jìnrùdào jiākuài fāzhǎn , guīfàn fāzhǎn ,
专业 合作社 进入到 加快 发展、规范 发展、

jiànkāng fāzhǎn de xīn shíqī , chéngwéile fāzhǎn xiàndài nóngyè ,
健康 发展 的 新 时期，成为了 发展 现代 农业、

cùjìn nóngmín zēngjiā shōurù , fánróng nóngcūn
促进 农民 增加收入、繁荣 (to flourish) 农村

jīngjì bùkěhuòquē de zhòngyào lìliàng .
经济 不可或缺 (indispensable) 的 重要 力量。

Xiāngcūn Xīwàng Zhī Guāng
乡村希望之光

nián yuè, suì de Xiǎoyáng bèishàng xiǎo shūbāo
2013年9月，7岁的小阳背上小书包

chéngwéile yì míng xiǎoxuéshēng. Zuò zài kuānchang míngliàng
成为了一名小学生。坐在宽敞明亮

de jiàoshì li, Xiǎoyáng géwài kāixīn. Xiǎoyáng de jiā zài
的教室里，小阳格外开心。小阳的家在

Níngxià de yí gè pínkùn xiǎo cūnzhuāng. Qiánxiē nián, zhèli
宁夏的一个贫困小村庄。前些年，这里

de jiàoyù shuǐpíng bǐjiào luòhòu, cūnbàn xiǎoxué zuòluò zài yí
的教育水平比较落后，村办小学坐落在一
gè zhǐyǒu wǔ jiān jiàoshì de dī'ǎi píngfáng li, jiàozhí
个只有五间教室的低矮平房里，教职
yuángōng yígòng zhǐyǒu shí míng, xuésheng yě bú guò bǎi
员工一共只有十名，学生也不过百
míng. Yǒude lǎoshī yào chéngdān jǐ gè niánjí huòzhě hǎo jǐ
名。有的老师要承担几个年级或者好几
mén kèchéng. Liǎng nián qián, tōngguò zhěnghé, línjìn sān gè
门课程。两年前，通过整合，邻近三个
cūnzi de xiǎoxué hébìng zǔchéngle Xiǎoyáng xiànzài jiùdú de
村子的小学合并组成了小阳现在就读的
zhōngxīn xiǎoxué. Zài zhèngfǔ de fúchí xià,
中心小学。在政府的扶持(support)下，
zhōngxīn xiǎoxué jiànshèle xīn xiàoshè,
中心小学建设了新校舍(school buildings)，
pèizhì- le xiānjìn de jiāoxué shèshī, pèibèile
配置(to equip)了先进的教学设施，配备了
yōuxiù de jiàoshī, kāishèle fúhé Jiàoyùbù yāoqiú de quán
优秀的教师，开设了符合教育部要求的全
kē kèchéng. Yóuyú zhōngxīn xiǎoxué jùlí Xiǎoyáng jūzhù de
科课程。由于中心小学距离小阳居住的
cūnzi jiào yuǎn, Xiǎoyáng de fùmǔ wèi tā xuǎnzéle "jìsù
村子较远，小阳的父母为他选择了“寄宿(to
". Zhōngxīn xiǎoxué de sùshè gānjìng, zhěngjié, bā
board)”。中心小学的宿舍干净、整洁，八
gè xuésheng yí gè fángjiān, fángjiān zhōng yǒu chuáng,
个学生一个房间，房间中有床、

xuéxízhuō, chǔwùguì děng jiājù. Xiǎoyáng juéde sùshè de
学习桌、储物柜等家具。小阳觉得宿舍的

huánjìng bǐ zìjǐ jiā li hǎo duō le, érqiě xuéxiào shítáng
环境比自己家里好多了，而且学校食堂

de fàncài yě bǐ jiā li de hǎochī. Suīrán bù néng měi tiān
的饭菜也比家里的好吃。虽然不能每天

huíjiā, kěshì zài xuéxiào li gēn tóngxuémen yìqǐ xuéxí,
回家，可是在学校里跟同学们一起学习、

wánshuǎ yě shì hěn kuàilè de.
玩耍 (to play) 也是很快乐的。

Tóngnián yuè, suì de Zhōu Yì dàxué bìyè le,
同年 9 月，22 岁的周毅大学毕业了，

tā zìyuàn bàomíng bìng shùnlì tōngguòle "sān zhī yì fú"
她自愿报名并顺利通过了“三支一扶”①

gōngkāi zhāomù, chéngwéi yì míng zhījiào jiàoshī. Zhōu Yì
公开招募，成为一名支教教师。周毅

zhījiào de xuéxiào wèiyú Xīnjiāng Wéiwú'ěr Zìzhìqū, shì yì
支教的学校位于新疆维吾尔自治区，是一

suǒ jùyǒu mínzú tèsè de xiāngcūn xiǎoxué. Zài xuéxiào de
所具有民族特色的乡村小学。在学校的

ānpái xià, Zhōu Yì dānrèn sì nián yī bān de bānzhǔrèn,
安排下，周毅担任四年一班的班主任，

bìng fùzé Yīngyǔ jiàoxué. Suīrán tā duì zhèli de qìhòu,
并负责英语教学。虽然她对这里的气候、

① Three supports and one assistance program: it means to encourage university graduates to work at grassroots level in rural areas to support to education, agriculture, health care and assistance to poverty-alleviation.

xísú , yǐnshí dōu hái bútài shìyìng , kěshì měidāng kàndào
习俗、饮食都还不太适应，可是每当看到

háizimen kěqiú zhīshi de yǎnjing , tā jiù juéde zìjǐ suǒ zuò
孩子们渴求知识的眼睛，她就觉得自己所做

de yíqiè dōu shì zhídé de . Kè shang , tā jiāo háizimen
的一切都是值得的。课上，她教孩子们

Yīngyǔ , kè hòu , tā gěi háizimen jiǎng dà chéngshì li de
英语，课后，她给孩子们讲大城市里的

shēnghuó , hé háizimen yìqǐ chànggē tiàowǔ . Bàn nián guòqu
生活，和孩子们一起唱歌跳舞。半年过去

le , Zhōu Yì hé tā de xuéshengmen chéngle hǎo péngyou ,
了，周毅和她的学生们成了好朋友，

háizimen hěn xǐhuan zhè gè láizì dà chéngshì de dà jiějie .
孩子们很喜欢这个来自大城市的大姐姐。

Háizi shì wèilái de xīwàng , jiàoyù shì chéngzài zhe
孩子是未来的希望，教育是承载 (to carry) 着

xīwàng de guānghuī shìyè . Suīrán xiànzài nóngcūn jiàoyù de
希望的光辉事业。虽然现在农村教育的

fāzhǎn shuǐpíng bùrú chéngshì gāo , jiàoyù zīyuán bùrú
发展水平不如城市高，教育资源不如

chéngshì fēngfù , shīzī lìliang yě bùrú chéngshì
城市丰富，师资力量 (faculty) 也不如城市

qiáng , dànshì , nóngcūn jiàoyù de fāzhǎn sùdù shì hěn kuài
强，但是，农村教育的发展速度是很快

de . Xiànzài , Zhōngguó yǐjīng bǎozhèngle nóngcūn háizi “yǒu
的。现在，中国已经保证了农村孩子“有

xué shàng ” . Tōngguò jiādà duì nóngcūn jiàoyù de tóurù ,
学上”。通过加大对农村教育的投入，

gǎijiàn xiàoshè, gòuzhì xiānjìn de jiāoxué shèbèi, cǎiyòng kēxué
改建校舍，购置先进的教学设备，采用科学

de jiàoyù fāngfǎ. Tōngguò duì xiānglín shēngyuán jiào shǎo
的教育方法。通过对相邻生源较少

xuéxiào de hébìng, shíxiàn nóngcūn jiàoyù zīyuán de hélǐ
学校的合并，实现农村教育资源的合理

pèizhì, jiàoyù zhìliàng yǒusuǒ tíshēng. Tōngguò shíshī "sān zhī
配置，教育质量有所提升。通过实施“三支

yì fú" děng zhèngcè, xuǎnpài yōuxiù jiàoshī chōngshí nóngcūn
一扶”等政策，选派优秀教师充实农村

xuéxiào, jiāoxué lìliang hé huólì búduàn zēngqiáng. Tōngguò
学校，教学力量和活力不断增强。通过

jiāqiáng duì nóngcūn jiàoshī de jìxù jiàoyù, jiāoxué shuǐpíng
加强对农村教师的继续教育，教学水平

zhúbù tígāo . Duìyú nóngcūn
逐步提高。对于 农村

liúshǒu értóng de jiàoyù , cǎiyòng
留守 儿童 的 教育，采用

“ jìsùzhì ”, “ dàiguǎn
“寄宿制”、“代管

jiāzhǎngzhì ”, “ qīnqíng gōutōng
家长制”、“亲情 沟通

píngtái ” děng cuòshī , jiādà duì
平台”等 措施，加大 对

nóngcūn liúshǒu értóng de guān'ài
农村 留守 儿童 的 关爱

hé fúwù lìdù , jiāqiáng duì
和 服务 力度，加强 对

háizimen de xīnlǐ jiànkāng
孩子们 的 心理 健康

jiàoyù , fēngfù tāmen de kèwài
教育，丰富 他们 的 课外

shēnghuó , jìnlì wèi liúshǒu értóng de jiànkāng chéngzhǎng
生活，尽力为 留守 儿童① 的 健康 成长

chuàngzào liánghǎo huánjìng .
创造 良好 环境。

Nóngcūn jiàoyù de lìng yí gè zhòngyào chéngjiù shì jìnéng
农村 教育 的 另 一 个 重要 成就 是 技能

jiàoyù . Tōngguò zài jìxiào de xuéxí ,
教育。通过 在 技校 (technical school) 的 学习，

① Left-behind children: Children that are left by their parents who have to become migrant workers and work in urban areas far away from their homes to earn living.

xuéshengmeng yǒule yíjìzhīcháng , zhǎngwòle làiyǐ
学生们有了一技之长 (skill)，掌握了赖以 (to

móushēng de jìnéng . Tāmen kěyǐ búzài yīlài
depend) 谋生的技能。他们可以不再依赖

tǔdì shēngcún , shíxiànle cóng nóngmín dào gōngrén de
土地生存，实现了从农民到工人的

zhuǎnbiàn . Xiǎo Zhāng shì xiàn jìgōng xuéxiào qìxiū zhuānyè de
转变。小张是县技工学校汽修专业的

yì míng xuésheng , bìyè qián jiù yǐjīng yǒu duō jiā qǐyè
一名学生，毕业前就已经有多家企业

xiàng Xiǎo Zhāng fāchūle yāoqǐng , xīwàng tā qù gōngzuò .
向小张发出了邀请，希望他去工作。

Xiǎo Zhāng suǒ zài de xiàn jìxiào chénglì yú wǔ nián qián ,
小张所在的县技校成立于五年前，

zhāoshēng duìxiàng wéi nóngcūn chū-gāozhōng bìyèshēng , bìyè
招生对象为农村初高中毕业生，毕业

bānfā zhōngzhuān , dàzhuān wénpíng . Mùqián yǐjīng
颁发 (to issue) 中专、大专文凭。目前已经

yǒu sān jiè xuésheng shùnlì bìyè , zài bùtóng de chéngshì
有三届学生顺利毕业，在不同的城市

zǒushàngle gōngzuò gǎngwèi .
走上了工作岗位。

Suīrán xiànzài Zhōngguó de nóngcūn jiàoyù hái cúnzàizhe
虽然现在中国的农村教育还存在着

zhǒngzhǒng wèntí , dànshì zhèxiē wèntí zhèngzài zhúbù jiějué ,
种种问题，但是这些问题正在逐步解决，

nóngcūn jiàoyù xiànzhuàng yě zài mànmān gǎishàn . Nóngcūn jiàoyù
农村 教育 现状 也在 慢慢 改善。农村 教育

zhèngrú yí dào xīwàng zhīguāng , zhàoliàngle háizimen de xīn , yě
正如 一道 希望 之光 ，照亮了 孩子们的心，也

zhàoliàng le nóngcūn de wèilái .
照亮 了 农村 的未来。

Shēngbìng Zǎbàn ?
生病咋办？

nián yuè rì , Liáoníng Shěng Zhuānghé Shì
2012 年 10 月 24 日，辽宁省庄河市

Tàipínglǐng Xiāng Xiēmǎ Cūn cūnmín Lǐ Cǎixiá tūfā jíxìng
太平岭乡歇马村村民李彩霞突发急性

lánwěiyán , bèi sòng wǎng xiāng wèishēngyuàn
阑尾炎 (appendicitis)，被送往乡卫生院

zhìliáo . Dāngtiān xiàwǔ , yīshēng wèi tā zuòle lánwěi qiēchú
治疗。当天下午，医生为她做了阑尾切除 (to

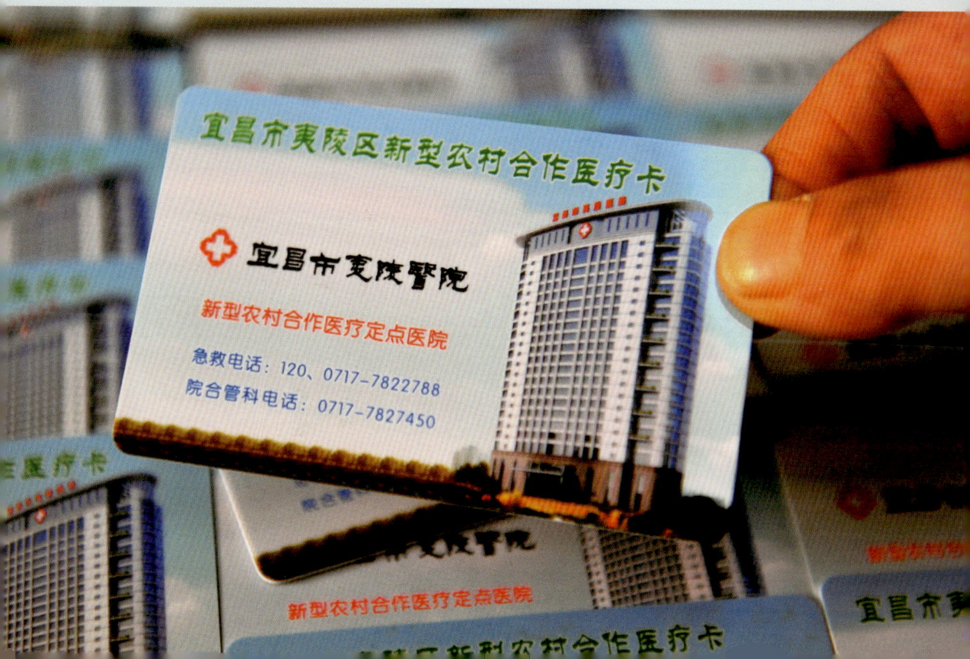

shǒushù. Qī tiān hòu, tā bìngyù chūyuàn, quánbù
remove) 手术。七天后，她病愈出院，全部
de zhìliáo fèiyong zhǐyǒu yuán. Zhè ràng tā chījīng bùyǐ.
的治疗费用只有480元。这让她吃惊不已。
Tā shuō: "Yuánlái dōu shuō ' déle lánwěiyán, bái zhòng yì
她说："原来都说'得了阑尾炎，白种一
nián tián', méi xiǎngdào xiànzài zhǐ xūyào huā zhème shǎo de
年田'，没想到现在只需要花这么少的
qián. Zhēnshì tài gǎnxiè ' xīnnónghé
钱。真是太感谢'新农合 (new rural cooperative
' le."
medical care system)'了。"

"Xīnnónghé" shì "xīnxíng nóngcūn hézuò yīliáo" de
"新农合"是"新型农村合作医疗"的
jiǎnchēng, shì zhǐ yóu zhèngfǔ zǔzhī, yǐndǎo, zhīchí,
简称，是指由政府组织、引导、支持，
nóngmín zìyuàn cānjiā, gèrén, jítǐ hé zhèngfǔ duōfāng
农民自愿参加，个人、集体和政府多方
chóuzī, yǐ dà bìng tǒngchóu wéizhǔ de nóngmín
筹资，以大病统筹 (to subsidize) 为主的农民
yīliáo hùzhù gòngjì
医疗互助共济 (pull together in times of trouble)
zhìdù. Zhè yì zhìdù cǎiqǔ gèrén jiǎofèi, jítǐ fúchí hé
制度。这一制度采取个人缴费、集体扶持和
zhèngfǔ zīzhù de fāngshì chóují zījīn.
政府资助的方式筹集资金。

Shí duō nián qián, zài xiāngzhèn wèishēngyuàn zuò lánwěi
十多年前，在乡镇卫生院做阑尾

qiēchú shǒushù de fèiyong dàyuē shì yuán, quánbù yóu
切除 手术 的 费用 大约 是 2500 元，全部 由
nóngmín zhīfù, duì huànzhě jíqí jiātíng de yālì jiào dà.
农民 支付，对 患者 及其 家庭 的 压力 较 大。

nián, xīnxíng nóngcūn hézuò yīliáo zhèngcè chūtái
2002 年，新型 农村 合作 医疗 政策 出台 (come
hòu, zhèngfǔ wèi nóngmín bàoxiāo
out) 后，政府 为 农民 报销 (to reimburse) 60%
zuǒyòu de fèiyong, zuò yí cì lánwěi qiēchú shǒushù nóngmín
左右 的 费用，做 一 次 阑尾 切除 手术 农民
zhǐyào zhīfù yuán zuǒyòu. nián shíxíng yàopǐn
只要 支付 1000 元 左右。2010 年 实行 药品
língchā lǜ yǐhòu, yàopǐn jiàgé bùtóng fúdù
零差 率 (zero profit) 以后，药品 价格 不同 幅度
xiàjiàng, zài tóng yì jiā yīyuàn zuò lánwěi qiēchú shǒushù de
下降，在 同 一 家 医院 做 阑尾 切除 手术 的
fèiyong jiàng zhì yuán, cānjiā "xīnnónghé" de nóngmín
费用 降 至 2000 元，参加“新农合”的 农民
zhǐ xūyào chéngdān yuán, jì quánbù fèiyong de .
只 需要 承担 480 元，即 全部 费用 的 24%。
Kějiàn, "xīnnónghé" zhèngcè de chūtái, yǒuxiào huǎnjiěle
可见，“新农合” 政策 的 出台，有效 缓解了
nóngmín kànbìng guì de wèntí.
农民 看病 贵的 问题。

Bùjǐn rúcǐ, " " zhèngcè de shíshī, hái
不仅 如此，“新农合” 政策 的 实施，还
jiějuéle nóngmín kànbìng nán de wèntí. Bànsuízhe
解决了 农民 看病 难 的 问题。伴随着

“xīnnónghé” zhèngcè de shīxíng, nóngcūn yīliáo wèishēng
“新农合”政策的施行，农村医疗卫生

fúwù jiànshè yě zài búduàn qiánghuà. Nóngcūn gèdì xīn
服务建设也在不断强化。农村各地新

zēngshèle xiāngzhèn wèishēngyuàn, shèqū yīliáo fúwùzhàn,
增设了乡镇卫生院、社区医疗服务站，

gǎishànle jiùyī huánjìng, yǐnjìnle xiānjìn yīliáo shèbèi,
改善了就医环境，引进了先进医疗设备，

péiyǎngle zhuānyè réncái, jiànlìle chéngshì zhīyuán nóngcūn
培养了专业人才，建立了城市支援农村

de chángxiào jīzhì. Mùqián, nóngcūn yǐ jīběn shíxiànle měi
的长效机制。目前，农村已基本实现了每

xiāng dōu yǒu wèishēngyuàn, měi cūn dōu yǒu fúwùzhàn, měi
乡都有卫生院，每村都有服务站，每

yuàn dōu yǒu zhuānyè yīshī, chéngxiàn chū le “dà bìng jìn
院都有专业医师，呈现出了“大病进

yīyuàn， xiǎo bìng jìn zhōngxīn， bǎojiàn zài ménqián” de xīn
医院，小病进中心，保健在门前”的新
miànmào.
面貌。

Zài yìxiē jīngjì fādá de shěngfèn， nóngcūn yīliáo yǐ
在一些经济发达的省份，农村医疗已
wánchéng yǔ chéngshì yīliáo jiēguǐ :
完成与城市医疗接轨 (bring in line with)：
Chéngshì yīyuàn yǔ xiàn xiāng yīyuàn duìkǒu zhīyuán
城市医院与县乡医院对口支援 (counterpart
， yōuxiù yīwù rényuán lúnliú dìngqī dào xiànjí yīyuàn
support)，优秀医务人员轮流定期到县级医院
hé xiāngzhèn wèishēngyuàn bāngzhù kāizhǎn yīliáo fúwù hé
和乡镇卫生院帮助开展医疗服务和
jìshù péixùn. Yīshēng Zhāng Yáng hé Sūn Míngyuè fēnbié láizì
技术培训。医生张扬和孙明月分别来自
yú Chángshā Shì mǒu shìlì yīyuàn hé mǒu xiāngzhèn yīyuàn，
于长沙市某市立医院和某乡镇医院，
nián niánchū， gēnjù jiāoliú fāng'àn， tāmen xiānghù
2013年年初，根据交流方案，他们相互
jiāohuàn dào duìfāng de yīyuàn gōngzuò. Zhāng Yáng shì yì míng
交换到对方的医院工作。张扬是一名
shénjīng nèikē yīshēng， tā dào xiāngzhèn yīyuàn gōngzuò de
神经内科医生，他到乡镇医院工作的
mùdì jiāngù yīzhì
目的兼顾 (take account of two or more things) 医治
bìngrén hé chuánshòu yīshù. Yì nián shíjiān li， tā yīzhì
病人和传授医术。一年时间里，他医治

bìngrén shàngqiān réncì, bìng jiāng zhěnzhì gāoxuèyā,
病人 上千 人次，并 将 诊治 高血压、

nǎogěngsè děng jíbìng de fāngfǎ
脑梗塞 (cerebral infarction) 等 疾病 的 方法

chuánshòu gěi dāngdì yīshēng. Sūn Míngyuè dào shì yīyuàn
传授 给 当地 医生。孙 明月 到 市 医院

gōngzuò de zhǔyào mùdì shì xuéxí cǎichāo, shèbèi de
工作 的 主要 目的 是 学习 彩超、CT 设备 的

shǐyòng fāngfǎ jí zhěnduàn fāngfǎ. Sūn Míngyuè suǒzài de
使用 方法 及 诊断 方法。孙 明月 所在 的

yīyuàn xīn pèizhìle xiānjìn de cǎichāo hé shèbèi, dànshì
医院 新配置了 先进 的 彩超 和 CT 设备，但是

què méiyǒu rén néng cāozuò, yúshì, niánqīng yīshēng Sūn
却 没有 人 能 操作，于是，年轻 医生 孙

Míngyuè dāndāng qǐ le zhège zhòngrèn. Bàn nián li, tā
明月 担当 起 了 这个 重任。半 年 里，他

rènzhēn xiàng shì yīyuàn de lǎoshīmen qǐngjiào, kèkǔ zuānyán,
认真 向 市 医院 的 老师们 请教，刻苦 钻研，

zhǎngwòle dúlì cāozuò jīqì de jìqiǎo, tígāole zhěnduàn
掌握了 独立 操作 机器 的 技巧，提高了 诊断

chángjiànbìng de nénglì. Yì nián de jiāoliú shíjiān suīrán
常见病 的 能力。一 年 的 交流 时间 虽然

duǎnzàn, dànshì yě néng duì nóngcūn yīliáo jìshù de tígāo
短暂，但是 也 能 对 农村 医疗 技术 的 提高

qǐ dào yídìng de zuòyòng.
起 到 一定 的 作用。

Guǎnlǐ xìnxī xìtǒng suízhe wǎngluò jìshù de tígāo hé
管理 信息 系统随着 网络 技术 的 提高 和

pǔjí xīnnónghé yǐjīng zhúbù shíxiàn shì, xiàn, xiāng sān jí
普及，新农合已经逐步实现市、县、乡三级

dìngdiǎn yīliáo jīgòu yīyuàn xìnxī xìtǒng liántōng, cānjiā
定点医疗机构医院信息系统联通，参加

"xīnnónghé" de nóngcūn jūmín lùxù nádào le jiànkāng
"新农合"的农村居民陆续拿到了健康

"yìkǎtōng", kě zài shěng, shìjí dìngdiǎn yīliáo jīgòu shuā
"一卡通"，可在省、市级定点医疗机构刷

kǎ jiùyī, jíshí jié bào. Lìrú, mǒu cūnmín zài běn xiāng
卡就医，即时结报。例如，某村民在本乡

cānjiāle "xīnnónghé", tā zài shěngchéng dǎgōng qījiān rúguǒ
参加了"新农合"，他在省城打工期间如果

shēngbìng zhùyuàn, tā kěyǐ zài shěngchéng de cānjiā
生病住院，他可以在省城的参加

"xīnnónghé" de rènyì yì jiā yīyuàn jiùyī,
"新农合"的任意一家医院就医 (see a doctor)，

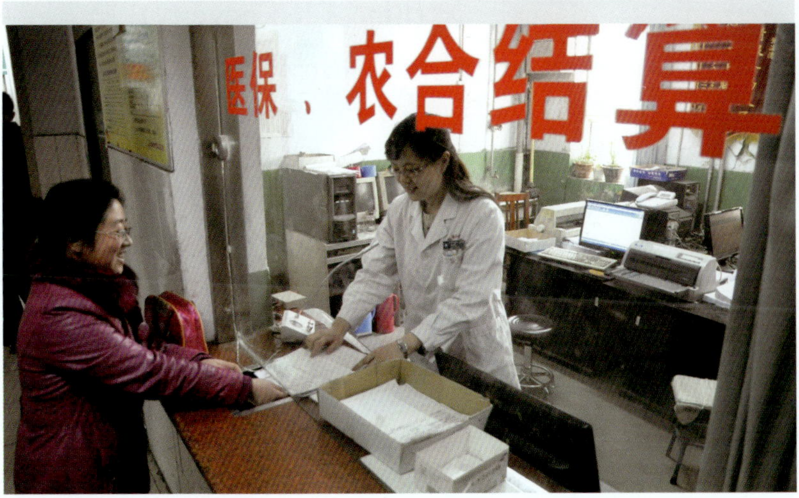

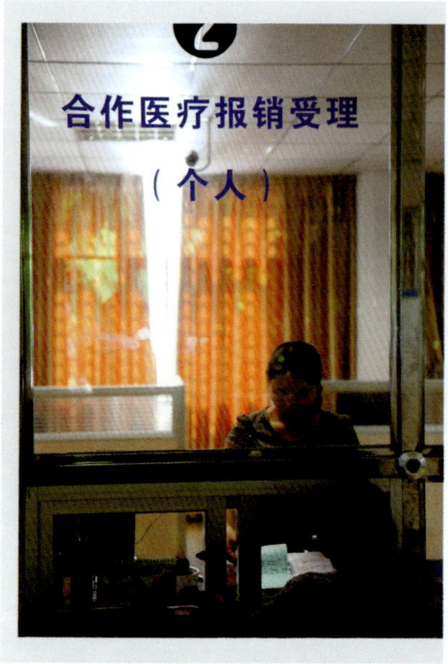

bìngqiě kěyǐ shíshí bàoxiāo
并且 可以 实时 报销 (get the reimbursement on the

spot)。Zhè wèi dàliàng zàiwài
spot)。这 为 大量 在外

wùgōng
务工 (be engaged in idustrial

or engineering work) de nóngmín
or engineering work) 的 农民

jiějué kànbìng de hòugù zhīyōu.
解决了 看病 的后顾之忧。

Xīnxíng nóngcūn hézuò yīliáo
新型 农村 合作 医疗

shǐ nóngmín kànbìng gàobiéle "quán zìfèi shídài", dàdà
使 农民 看病 告别了"全 自费 时代"，大大

jiǎnshǎole yīn bìng zhì pín bēijù de
减少了 因 病 致 贫 (illness-led poverty) 悲剧的

fāshēng. Mùqián Zhōngguó zhèngfǔ zhèngzài jìnyíbù tuīguǎng
发生。目前，中国 政府 正在 进一步 推广

"xīnnónghé" zhèngcè ràng yuèláiyuèduō de nóngmín xiǎngshòu
"新农合"政策，让 越来越多的 农民 享受

dào zhè yì fúlì
到 这 一福利。

Nóngjiā Huānlè Duō
农家欢乐多

Qiūshōu guòhòu, Liánhuā Cūn Wénhuà Huódòngzhàn chéngxiàn
秋收 过后，莲花 村 文化 活动站 呈现

chū yípài rènao fánróng de jǐngxiàng. Cūnmín Lǎo
(to present) 出 一派 热闹 繁荣 的 景象。村民 老

Zhào chīguo zǎofàn hòu jiù láidàole le huódòngzhàn, xiān zài
赵 吃过 早饭 后就 来到了 活动站，先 在

yuèlǎnshì kànle dāngtiān de bàozhǐ, yòu hé cūnmín dǎle
阅览室 看了 当天 的 报纸，又 和 村民 打了

yíhuìr pīngpāngqiú, liáole liáo jīnnián de shōucheng. Huíjiā
一会儿乒乓球，聊了聊今年的收成。回家

wǔxiū guòhòu, tā huídào huódòngzhàn cānjiā héchàng páiliàn.
午休过后，他回到活动站参加合唱排练。

Lǎo Zhào shì cūn héchàngduì de zhǔlì duìyuán, jīngcháng tóng
老赵是村合唱队的主力队员，经常同

duìyǒumen yìqǐ dào xiāng li, xiàn li hé shì li yǎnchū.
队友们一起到乡里、县里和市里演出。

Tāmen cūn de héchàngduì céng zài shì li jǔbàn de nóngmín
他们村的合唱队曾在市里举办的农民

yìshùjié shang huòdé èrděngjiǎng. Chú héchàngduì wài, Liánhuā
艺术节上获得二等奖。除合唱队外，莲花

Cūn hái yōngyǒu qǔyìduì, yānggeduì
村还拥有曲艺队、秧歌队 (yangge [a popular

, gǔyuèduì, lánqiúduì, lóngzhōuduì
rural folk dance] team)、鼓乐队、篮球队、龙舟队

děng duō zhī wénhuà duìwu, tāmen
(dragon boat team) 等多支文化队伍，他们

huóyuè zài tiánjiān dìtóu, wèi
活跃在田间地头 (in the farm)，为乡亲们

sòngqule huānlè.
送去了欢乐。

Xiànzài Zhōngguó nóngcūn de jīngjì qǔdéle dà fāzhǎn,
现在中国农村的经济取得了大发展，

nóngmínmen de shōurù shuǐpíng tígāo le, duì jīngshén wénhuà
农民们的收入水平提高了，对精神文化

shēnghuó de xūqiú yě xiāngyìng de tígāo le. Ér nóngyè
生活的需求也相应地提高了。而农业

kēxué jìshù de jìnbù hé nóngyè jīxièhuà shēngchǎn de
科学技术的进步和农业机械化 生产 的

tuīguǎng, tígāole nóngyè shēngchǎn xiàolǜ, suōduǎnle gēngzuò
推广，提高了农业 生产 效率，缩短了耕作

shíjiān, jiàngdīle láodòng qiángdù, yě wèi nóngmín
(farming) 时间，降低了劳动 强度，也为农民

zhuīqiú wénhuà shēnghuó chuàngzàole tiáojiàn. Xǔduō xiāngcūn
追求 文化 生活 创造了 条件。许多 乡村

jiànlìle wénhuàzhàn, gè dì fēnfēn xiānqǐle “xiāngcūn bàn
建立了 文化站，各地纷纷掀起了“乡村办

wénhuà” de gāocháo. Wénhuà zhōngxīn (wénhuàzhàn) zhōng
文化”的高潮。文化 中心（文化站）中

pèibèi diànnǎo, tóuyǐngyí, dà píngmù, yīnxiǎng, yuèqì,
配备电脑、投影仪、大屏幕、音响、乐器、

tǐyù qìcái děng yìngjiàn shèbèi, háiyǒu wǎngshàng yuèlǎnshì,
体育器材等硬件设备，还有 网上 阅览室、

túshūshì, pīngpāngqiúshì, páiliànshì děng duō gè huódòngshì,
图书室、乒乓球室、排练室等多个活动室，

nóngmín de wénhuà shēnghuó yuèláiyuè fēngfù.
农民的文化 生活 越来越丰富。

Zhōngguó nóngcūn yōngyǒu shēnhòu de tǒngzhì wénhuà yìshù
中国 农村 拥有 深厚的统治 文化艺术

jīchǔ, xǔduō jùyǒu yōujiǔ lìshǐ de wénhuà yìshù xíngshì dōu
基础，许多具有悠久历史的文化艺术形式都

dànshēng yú nóngcūn, bìngqiě zhìjīn réng zài nóngcūn chuánchéng
诞生于农村，并且至今仍在农村 传承

hé fāzhǎn zhe, rú jiǎn chuānghuā, niē nírén, zhā fēngzheng
和发展着，如剪 窗花、捏泥人、扎风筝

Rújīn , nóngmínmen chúle zài cháyú-fànhòu ,
(make a kite)。如今，农民们除了在茶余饭后、

fángqián wūhòu zìyú-zìlè zhīwài , guójiā , shěng , shì , xiàn
房前屋后自娱自乐之外，国家、省、市、县

de wéntǐ huódòng hé bǐsài zhōng yě zǒng néng kàndào tāmen
的文体活动和比赛中也总能看到他们

de shēnyǐng . Gèzhǒngnóngcūn yìshùjié , nóngmín yùndònghuì ,
的身影。各种农村艺术节、农民运动会、

nóngmínshūhuà zhǎnlǎn , nóngyè zhīshi jìngsài hé wénhuà xiàxiāng
农民书画展览、农业知识竞赛和文化下乡

děng huódòng gěi nóngmín tígōngle shīzhǎn cáihuá de jīhuì , yě
等活动给农民提供了施展才华的机会，也

tígāole tāmen de wénhuà sùyǎng . Yǒuxiē cūnzhuāng hái jiànlì
提高了他们的文化素养。有些村庄还建立

guǎngbōzhàn , pāishè diànshì jiémù gǎode , yǒushēng- yǒusè ,
广播站，拍摄电视节目搞得，有声有色，

lìngrén guāmù-xiāngkàn .
令人刮目相看。

Shōutīngshōukàn guǎngbō diànshì jiémù shì nóngmínmen liǎojiě
收听收看广播电视节目是农民们了解
guónèi-wài dàshì, xuéxí nóngyè kēxué jìshù, xīnshǎng
国内外大事，学习农业科学技术，欣赏
diànyǐng, diànshìjù hé zōngyì jiémù de
电影、电视剧和综艺 (variety show) 节目的
zhǔyào shǒuduàn. nián, nóngmín Mǎ Guǎngfú zài kànle
主要手段。2008年，农民马广福在看了
Zhōngyāng Diànshìtái《Xīngguāng Dàdào》xuǎnxiù jiémù hòu,
中央电视台《星光大道》选秀节目后，
ànnà bú zhù zìjǐ nà kē ài chànggē de xīn,
按捺 (to control) 不住自己那颗爱唱歌的心，
bàomíng cānle sài. Zài jīnglìle zhōu sài, yuè sài de jīliè
报名参了赛。在经历了周赛、月赛的激烈
juézhú hòu, Lǎo Mǎ yǐ yì qū《Wūsūlǐ Chuángē》zhēngfúle
角逐后，老马以一曲《乌苏里船歌》征服了

píngwěi hé guānzhòng, huòdéle niándù yàjūn. nián
评委和观众，获得了年度亚军。2009 年

Chūnwǎn, Lǎo Mǎ yǔ lìng yí wèi nóngmín gēshǒu Liú Rénxǐ
春晚，老马与另一位农民歌手刘仁喜

gòngtóng zhàn zài niúnián Chūnwǎn de wǔtái shang, chéngwéi
共同站在牛年春晚的舞台上，成为

yì míng jiāyù-hùxiǎo de nóngmín míngxīng.
一名家喻户晓 (be known to all) 的农民明星。

Suízhe nóngcūn wénhuà de péngbó fāzhǎn, zài gè lǐngyù zhōng
随着农村文化的蓬勃发展，在各领域中

yǒngxiàn chū de nóngmín míngxīng yuèláiyuè duō. Nóngmínmen
涌现出的农民明星越来越多。农民们

huóyuè zài wǔtái shang bǐsàichǎng, diānfùle "Miàncháo
活跃在舞台上、比赛场，颠覆了“面朝

huángtǔ bèi cháotiān" de chuántǒng nóngmín xíngxiàng, ràng
黄土背朝天”的传统农民形象，让

chéngli rén yóuzhōng de gǎnkǎi hé pèifú.
城里人由衷地感慨和佩服。

Zhèxiē nián, nóngmín fùyù le, shēnghuó tiáojiàn gǎishàn
这些年，农民富裕了，生活条件改善

le, yèyú wénhuà shēnghuó yě tígāo le. Shēnghuó duìyú
了，业余文化生活也提高了。生活对于

tāmen lái shuō, shǎole jiānxīn hé kǔsè, duōle xìngfú hé huānlè.
他们来说，少了艰辛和苦涩，多了幸福和欢乐。

Wèilái yǒu gèng měihǎo de rìzi zài děngzhe tāmen, shēnghuó
未来有更美好的日子在等着他们，生活

biànde gèng yǒu bèntou le.
变得更有奔头了。

Huì Shàngwǎng De Xīn Nóngmín

会上网的新农民

nián, Dàwáng Zhuāng cūnmín Wáng Lì zài Zhōngyāng
2008 年，大王 庄 村民 王 丽 在 中央
Diànshìtái jīngjì píndào jiémù zhōng kàndào dàotián yǎngyú lìtǐ
电视台 经济 频道 节目 中 看到 稻田 养鱼 立体
zhòngyǎng móshì kěyǐ qǔdé jiào hǎo de jīngjì shōuyì, tā
种养 模式 可以 取得 较 好 的 经济 收益，她
juédìng chángshì yíxià. Dāngnián, bōzhòng wán shuǐdào hòu,
决定 尝试 一下。当年，播种 完 水稻 后，

tā mǎile wěi yúmiáo
她买了2000尾([a measure word used for fish])鱼苗
tóufàng dào dàotián li, ànzhào zài nóngyè píndào hé shū shang
投放到稻田里，按照在农业频道和书上
xuédào de zhòngyǎng fāngfǎ jìnxíng péiyù. Kěshì, yú'ér
学到的种养方法进行培育。可是，鱼儿
shēngzhǎng sùdù huǎnmàn, bìngwèi dádào yùqī xiàoguǒ.
生长速度缓慢，并未达到预期效果。
Duìcǐ, Wáng Lì hěn kǔnǎo, dànshì tā bìng méiyǒu fàngqì.
对此，王丽很苦恼，但是她并没有放弃。
Zài xiāng li jìshùyuán de bāngzhù xià, tā kāishǐ tōngguò
在乡里技术员的帮助下，她开始通过
hùliánwǎng xìtǒng xuéxí dàotián lìtǐ zhòngyǎng fāngfǎ.
互联网系统学习稻田立体种养方法。
Jīngguò yì nián de xuéxí, shíjiàn hòu, Wáng Lì zhǎodàole
经过一年的学习、实践后，王丽找到了
zuì shìhé de zhòngyǎng fāngshì, tā de dàotián yǎngyú lìtǐ
最适合的种养方式，她的稻田养鱼立体
zhòngyǎng chénggōng le. Wáng Lì shuō "Gǎnxiè diànshì hé
种养成功了。王丽说"感谢电视和
wǎngluò ràng wǒ zǒushàngle zhìfù zhī lù."
网络让我走上了致富之路。"

Tōngguò wénhuà xìnxī zīyuán gòngxiǎng gōngchéng hé
通过文化信息资源共享工程和
wǎngluò cūn-cūntōng gōngchéng de kāizhǎn, chú shǎoshù piānyuǎn
网络村村通工程的开展，除少数偏远
dìqū wài, Zhōngguó dàbùfen dìqū yǐ pǔjí guǎngbō,
地区外，中国大部分地区已普及广播、

diànshì hé wǎngluò. Nóngmín zuò zài jiā li jiù kěyǐ shōutīng
电视和网络。农民坐在家里就可以收听
shōukàn dào guǎngbō diànshì jiémù, dòngdong shǔbiāo jiù kěyǐ
收看到广播电视节目，动动鼠标就可以
liúlǎn guónèi-wài xùnxī, xìnxī
浏览 (to browse) 国内外讯息 (information)，信息
de huòqǔ gèngjiā biànjié. Zhèxiē méitǐ bùjǐn tígōng fēngfù de
的获取更加便捷。这些媒体不仅提供丰富的
wényú jiémù, gèng dājiànle yí gè xuéxí jiāoliú de píngtái,
文娱节目，更搭建了一个学习交流的平台，
xué kējì nán, huòqǔ xìnxī nán, zhǎo shìchǎng nán, zhèxiē
学科技难、获取信息难、找市场难，这些
kùnrǎo nóngmín duō nián de wèntí suízhī yíngrèn'érjiě
困扰农民多年的问题随之迎刃而解 ([of a problem] be easily solved)。

Hēilóngjiāng Shěng Kèshān Xiàn shì Zhōngguó de mǎlíngshǔ
黑龙江省克山县是中国的马铃薯
zhī xiāng. Zhèli chūchǎn de mǎlíngshǔ gètóu
(potato) 之乡。这里出产的马铃薯个头 (size)
dà, kǒugǎn hǎo, diànfěn hánliàng gāo. Dànshì,
大、口感 (texture) 好，淀粉含量高。但是，
guòqù zhèli de mǎlíngshǔ xiāoliàng bìng bù hǎo, jīngcháng yǒu
过去这里的马铃薯销量并不好，经常有
xǔduō nónghù de mǎlíngshǔ làn zài dì li, yǒu yìxiē nónghù
许多农户的马铃薯烂在地里，有一些农户
bùdébù měi cān yǐ mǎlíngshǔ wéi zhǔshí. Hòulái, tāmen zài
不得不每餐以马铃薯为主食。后来，他们在

hùliánwǎng shang fābùle mǎlíngshǔ gōngyìng xìnxī , hěnkuài
互联网 上 发布了 马铃薯 供应 信息，很快

jiù yǒu xǔduō shāngjiā zhǎoshàng mén lái . Suízhe xūqiú de
就 有 许多 商家 找上 门 来。随着 需求 的

zēngduō , mǎlíngshǔ de jiàgé yě shuǐzhǎng-chuángāo
增多，马铃薯 的 价格 也 水涨船高 (particular

things improve as the general situation improves)。

Zhòngzhíhùmen de shōurù fānle fān . Cūnmínmen tǐyàn dào le
种植户们 的 收入 翻了 番。村民们 体验 到 了

hùliánwǎng de hǎochù , tāmen kāishǐ zhòngshì lìyòng hùliánwǎng .
互联网 的 好处，他们 开始 重视 利用 互联网。

Tāmen tōngguò hùliánwǎng zhāoshāngyǐnzī kāifā le mǎlíngshǔ
他们 通过 互联网 招商引资，开发了 马铃薯

shēnjiāgōng xiàngmù , shíxiànle mǎlíngshǔ de jiùdì chǎnyèhuà
深加工 项目，实现了 马铃薯 的 就地 产业化

fāzhǎn . Tōngguò hùliánwǎng ,
发展。通过 互联网，

Kèshān de mǎlíngshǔ zǒuxiàngle
克山 的 马铃薯 走向了

quán zhōngguó . Zhèli de
全 中国。这里 的

nóngmínmen xīwàng yǒu yì tiān
农民们 希望 有 一 天

tāmen de mǎlíngshǔ kěyǐ
他们 的 马铃薯 可以

zǒuxiàng shìjiè .
走向 世界。

Wǎngluò gǎibiànle chéng li rén de shēnghuó, yě zhèngzài
网络改变了城里人的生活，也正在

kuàisù gǎibiàn nóngcūn rén de shēnghuó. Yìxiē cūnzhuāng zài
快速改变农村人的生活。一些村庄在

tōngle hùliánwǎng zhīhòu, zhuānmén pìnqǐng jiàoshī duì cūnmín
通了互联网之后，专门聘请教师对村民

jìnxíng hùliánwǎng zhīshi hé jìsuànjī jīběn cāozuò de péixùn.
进行互联网知识和计算机基本操作的培训。

Nóngmínmen yòng yuánlái wò chútou de shǒu kāishǐ kòngzhì
农民们用原来握锄头的手开始控制

shǔbiāo hé jiànpán. Zhāng Zhuāng zài hùliánwǎng shang dìnggòule
鼠标和键盘。张庄在互联网上订购了

Měiguó shēngchǎn de zuìxīn xínghào de shōugējī ;
美国生产的最新型号的收割机 (harvester)；

Luòchuān Nóngyè Hézuòshè tōngguò wēibó xiàng zhōngguó gè dì
洛川农业合作社通过微博向中国各地

chūshòu píngguǒ; Wú Jiànjūn dúle nóngyè xuéyuàn de
出售苹果；吴建军读了农业学院的

wǎngshàng hánshòu kèchéng; Zhāng āyí xuéhuìle shǐyòng
网上函授课程；张阿姨学会了使用

, měitiān yǔ zài Běijīng shàngxué de nǚ'ér shìpín liáotiān;
QQ，每天与在北京上学的女儿视频聊天；
Chén Xiǎohuá lìyòng wēixìn yǔ zàiwài dǎgōng de
陈晓华利用微信(WeChat)与在外打工的
lǎogōng liánxì ...
老公联系……

Suízhe duì hùliánwǎng liǎojiě de jiāshēn, nóngmínmen cóng
随着对互联网了解的加深，农民们从
zuìchū de shàngwǎngzhǎo lèqù, zhuǎnxiàng lìyòng hùliánwǎng
最初的上网找乐趣，转向利用互联网
chuàngzào cáifù hé jiějué shíjì wèntí. Tāmen zài wǎngshàng
创造财富和解决实际问题。他们在网上
zhǎo jìshù, zhǎo réncái, zhǎo shìchǎng, zhǎo tóuzī, yě
找技术、找人才、找市场、找投资，也
zài wǎngshàng fǎnyìng cūn li gōngchǎng páifàng fèishuǐ, fèiqì
在网上反映村里工厂排放废水、废气
děng wèntí.
等问题。

Guǎngbō, diànshì, wǎngluò děng méijiè de pǔjí, chèdǐ
广播、电视、网络等媒介的普及，彻底
gǎibiànle nóngmínmen "tiān liàng jiù chū gōng, tiān hēi jiù
改变了农民们"天亮就出工，天黑就
shuìjiào" de shēnghuó fāngshì, yě qǔdàile yǐ dǎpái,
睡觉"的生活方式，也取代了以打牌、
chuànmén liáotiān wéizhǔ de chuántǒng xiūxián fāngshì, ràng
串门聊天为主的传统休闲方式，让
nóngmínmen kàndàole wàimiàn gèng guǎngkuò de shìjiè. Zài
农民们看到了外面更广阔的世界。在

xìnxīhuà shídài, xiāngcūn, chéngshì, Zhōngguó, shìjiè
信息化 时代，乡村、城市、中国、世界

liánjiē zài tóng yì zhāng wǎng shang, gòngxiǎng
连接 (interlink) 在 同 一 张 网 上，共享

zīyuán, gòngxiǎng fúwù, gòngxiǎng xīn shēnghuó.
资源，共享 服务，共享 新 生活。

Wǒmen Zìjǐ De "Chūnwǎn"

我们自己的"春晚"

Dànián sānshí xiàwǔ, Dàwáng Zhuāng de Wáng dàye jiā
大年三十下午，大王庄的王大爷家

li jǔbànle yì chǎng biékāishēngmiàn de Chūn Jié liánhuānhuì.
里举办了一场别开生面的春节联欢会。

Wáng dàye jiā de quánbù jiātíng chéngyuán cānyù yǎnchū,
王大爷家的全部家庭成员参与演出，

gòng biǎoyǎnle gè jiémù, bāokuò dúchàng, xiǎo héchàng,
共表演了35个节目，包括独唱、小合唱、

wǔdǎo, móshù, xiǎopǐn děng, zhōngjiān hái chuānchāle xiǎo
舞蹈、魔术、小品 等， 中间 还 穿插了 小

yóuxì huódòng. Zhěng chǎng liánhuānhuì xǐqì-yángyáng,
游戏 活动。 整 场 联欢会 喜气洋洋，

jīngcǎi-fēnchéng . Wáng dàye jiā shì Dàwáng
精彩纷呈 (be splendid)。 王 大爷 家 是 大王

Zhuāng de dàhù rénjiā, quán jiā sìshì-tóngtáng, gòngyǒu
庄 的 大户 人家，全家 四世同堂， 共有 70

duō kǒu rén, shì yí gè hémù tuánjié de
多 口 人，是 一个 和睦 (harmonious) 团结 的

dàjiātíng. Féng nián guò jié quán jiā rén zǒngshì jù zài yìqǐ
大家庭。逢 年 过节 全 家人 总是 聚 在 一起

gòngtóng qìngzhù. Ér suízhe shēnghuó shuǐpíng de tígāo,
共同 庆祝。而 随着 生活 水平 的 提高，

suízhe dàjiā duì jīngshén wénhuà shēnghuó de zhuīqiú búduàn
随着 大家 对 精神 文化 生活 的 追求 不断

tígāo, jǐn tíngliú zài chīfàn hējiǔ zhège céngmiàn shang de
提高，仅 停留 在 吃饭 喝酒 这个 层面 上 的

jùhuì yǐjīng bù néng mǎnzú tāmen de sùqiú, tāmen xiàngwǎng
聚会 已经 不能 满足 他们 的 诉求，他们 向往

gèng gāo céngcì de yúlè zhuīqiú. Yúshì, Wáng dàye jiā
更 高 层次 的 娱乐 追求。于是， 王 大爷 家

kāishǐ jǔbàn zìjǐ de jiātíng Chūn Jié wǎnhuì, jīnnián yǐjīng
开始 举办 自己 的 家庭 春 节 晚会，今年 已经

shì dì-sān jiè le. Wèile bìmiǎn yǔ Zhōngyāng Diànshìtái de
是 第三 届 了。为了 避免 与 中央 电视台 的

“Chūnwǎn” zhuàngchē , Wáng dàye jiā de
“春晚” 撞车 (to clash)， 王 大爷 家 的

"Chūnwǎn" zài xiàwǔ jǔxíng, cháng dá sān gè xiǎoshí.
"春晚"在下午举行，长达三个小时。
Jīnnián, wèile tígāo yǎnchū zhìliàng, Wáng dàye jiā
今年，为了提高演出质量，王大爷家
zhuānmén chénglìle chóubèizǔ, yóu zài cūn xiǎoxué zuò yīnyuè
专门成立了筹备组，由在村小学做音乐
jiàoshī de èr sūnxífu dānrèn zǒngdǎoyǎn, jìnrù làyuè jiù
教师的二孙媳妇担任总导演，进入腊月就
kāishǐ páiliàn jiémù, rènzhēn chéngdù bú yàyú Yāngshì
开始排练节目，认真程度不亚于央视
Chūnwǎn. Zài Wáng dàye jiā de "Chūnwǎn" zhōng, měi gè
春晚。在王大爷家的"春晚"中，每个
jiātíng chéngyuán jì shì yǎnyuán yǒu shì guānzhòng, bǎi fēn zhī
家庭成员既是演员又是观众，百分之
bǎi de cānyù shǐ tāmen huòdéle bǎi fēn zhī bǎi de kuàilè.
百的参与使他们获得了百分之百的快乐。

Chúle lèisì Wáng dàye jiā de zhèzhǒng jiātíng
除了类似王大爷家的这种家庭
"Chūnwǎn" wài, xǔduō xiāngcūn hái huì jǔxíng cūn li de
"春晚"外，许多乡村还会举行村里的
Chūn Jié liánhuānhuì. Yìbān dōu shì yóu cūn li de wénhuà
春节联欢会。一般都是由村里的文化
gànshi dàilǐng cūnmín páiliàn jiémù, yìxiē jīngjì
干事(clerk)带领村民排练节目，一些经济
tiáojiàn hǎo de cūnzi hái huì yāoqǐng míngxīng qiánlái zhùzhèn.
条件好的村子还会邀请明星前来助阵。

Xiàn rújīn, dà chéngshì li de "nián" wèir yuèláiyuè
现如今，大城市里的"年"味儿越来越

dàn le, kěshì zài xiāngcūn, nóngmínmen hái bǎochízhe nóngyù
淡了，可是在乡村，农民们还保持着浓郁

de guònián sècǎi. Tiē duìlián, fàng biānpào, bāo
(strong)的过年色彩。贴对联、放鞭炮、包

jiǎozi, bài dànián, fā hóngbāo ... Ér zuì jù chuántǒng
饺子、拜大年、发红包……而最具传统

tèsè de jiù shì jìzǔ
特色的就是祭祖(offer sacrifices to the ancestors)

hé miàohuì le. Cūnmín Zhāng Fùguì jiā zhìjīn hái bǎochízhe
和庙会了。村民张富贵家至今还保持着

chúxī jìzǔ de xísú. Zài xīnnián língdiǎn zhōngshēng
除夕祭祖的习俗。在新年零点钟声

qiāoxiǎng zhīqián, quánjiā ànzhào bèifen lúnliú gěi lièzǔ-lièzōng
敲响之前，全家按照辈分轮流给列祖列宗

shàng xiāng kētóu
上香磕头(burn incense and perform a ritual

, ránhòu zài yóu wǎnbèi yīcì xiàng zhǎngbèi kētóu
kowtow)，然后再由晚辈依次向长辈磕头

bàinián, zhǎngbèi pài gěi wǎnbèi hóngbāo. Zhāng Fùguì shuō:
拜年，长辈派给晚辈红包。张富贵说：

“Kěnéng yǒuxiē rén huì juéde wǒmen zhèyàng zuò tài fēngjiàn,
“可能有些人会觉得我们这样做太封建，

yě yǒu xǔduō rénjiā búzài jìzǔ le, dànshì zài wǒ de jiā
也有许多人家不再祭祖了，但是在我的家

li, zhèyàng de xísú huì yìzhí yánxù xiàqu. Yīnwèi
里，这样的习俗会一直延续下去。因为

zhèyàng kěyǐ ràng xiǎobèirmen jìzhù wǒmen de zǔxiān, gàosu
这样可以让小辈儿们记住我们的祖先，告诉

háizi wúlùn héshí dōu yào xiàojìng lǎorén, jìngzhòng
孩子无论何时都要孝敬老人、敬重
zhǎngbèi."
长辈。”

Dànián chūyī, Zhāoyáng Tún yì nián yí dù zuì shèngdà de
大年初一，朝阳屯一年一度最盛大的
miàohuì zhǔnshí kāimù le. Zhèli yǒu mài yīshang de, mài
庙会准时开幕了。这里有卖衣裳的、卖
shíwù de, mài dēnglong de, mài wánjù de, gèng yǒu wǔ
食物的、卖灯笼的、卖玩具的，更有舞
lóng, wǔshī, chàng dàxì de. Quán tún de nánnǚlǎoshào
龙、舞狮、唱大戏的。全屯的男女老少

xìnggāo-cǎiliè de guàngzhe miàohuì, jiànmiàn hùxiāng dào shēng
兴高采烈地逛着庙会，见面互相道声

“xīnnián hǎo”, jiàndào háizi sāi liǎng kē tángguǒ, kànkan
“新年好”，见到孩子塞两颗糖果，看看

biǎoyǎn, cāicai dēngmí,
表演，猜猜灯谜 (riddle written on a lantern)，

gòngtóng xiǎngshòu jiérì de kuàilè.
共同享受节日的快乐。

Nóngcūn de Chūn Jié shì yuánzhī-yuánwèi de Chūn Jié. Cóng
农村的春节是原汁原味的春节。从

xiǎoniánr kāishǐ, gèjiā-gèhù jiù kāishǐ
小年儿 (Preliminary Eve) 开始，各家各户就开始

zhìbàn “niánhuò”, shā jī zǎi yáng, zhēng gānliang, zuò
置办“年货”，杀鸡宰羊、蒸干粮、做

diǎnxin, jiǎn chuānghuā, guà cǎidēng ... děngdào dànián sānshí
点心、剪窗花、挂彩灯……等到大年三十

zǎoshang, xīn yīfu huànshàng shēn, xīn duìliánr tiē shàng
早上，新衣服换上身，新对联儿贴上

mén, jiā li de zhǔfùmen mángzhe zhǔnbèi fēngshèng de
门，家里的主妇们忙着准备丰盛的

niányèfàn, háizimen mángzhe āijiā-āihù qù bàinián,
年夜饭，孩子们忙着挨家挨户去拜年，

nánrénmen huòshì dǎpái liáotiān, huòshì bāngmáng zuòfàn.
男人们或是打牌聊天，或是帮忙做饭。

Dàidào yí dàodào hǎo cài duānshàng zhuō, yì bēibēi hǎo jiǔ
待到一道道好菜端上桌，一杯杯好酒

zhēnmǎn bēi, yì nián zhōng zuì tuányuán de yí dùn fàn jiù
斟满杯，一年中最团圆的一顿饭就

kāishǐ le, "nián" de xùmù yě lākāi le.
开始了，“年”的序幕也拉开了。

Chūn Jié shì Zhōngguó yì nián zhōng zuì zhòngyào de
春节是中国一年中最重要的

jiérì, tā xiàngzhēngzhe tuányuán, měimǎn hé xīwàng.
节日，它象征着团圆、美满和希望。

Nóngmínmen xǐ'ài Chūn Jié, bùjǐnjǐn yīnwèi Chūn Jié yǒu
农民们喜爱春节，不仅仅因为春节有

huānlè de jiérì fēnwéi, gèng shì yīnwèi Chūn Jié shí zài wài
欢乐的节日氛围，更是因为春节时在外

qiúxué hé gōngzuò de háizimen jiù néng huíjiā le. Yúshì,
求学和工作的孩子们就能回家了。于是，

Chūn Jié chéngle niánmài de fùmǔ duì yuǎnzài tāxiāng de háizi
春节成了年迈的父母对远在他乡的孩子

de qīpàn, yě shì lí jiā zài wài de háizi duì jiāxiāng de
的期盼，也是离家在外的孩子对家乡的

sīniàn. Zài Zhōngguó, Chūn Jié yùshìzhe chūntiān de kāishǐ,
思念。在中国，春节预示着春天的开始，

shì duì shàng yì nián xīnqín láozuò de kěndìng, yě shì duì
是对上一年辛勤劳作的肯定，也是对

jíjiāng kāishǐ de xīn yì nián de gēngzuò de gǔwǔ.
即将开始的新一年的耕作的鼓舞。

Nóngmínmen dàizhe mǎn xīn de huānxǐ yǔ qīdài zǒu jìn xīn de
农民们带着满心的欢喜与期待走进新的

yì nián, xīwàng zhè shì fēngtiáo-yǔshùn
一年，希望这是风调雨顺 (favourable weather

, dà huò fēngshōu de yì nián.
[for crops])、大获丰收的一年。

Jìnchéng Qù Dǎgōng
进城去打工

Ā Fāng shì yí gè láizì Guìzhōu pínkùn xiǎo shāncūn de
阿芳是一个来自贵州贫困小山村的

niánqīngrén, cóngxiǎo tā zuì dà de yuànwàng jiùshì nénggòu
年轻人，从小她最大的愿望就是能够

zǒuchū dàshān, qù kànkan wàimian de shìjiè. suì nànián,
走出大山，去看看外面的世界。18 岁那年，

tā gēnsuí biǎojiě yìqǐ dàole guǎngdōng Dōngwǎn, chéngle
她跟随表姐一起到了广东东莞，成了

xiàndàihuà gōngchǎng liúshuǐxiàn shang de yì
现代化 工厂 流水线 (production line) 上 的 一

míng nǚgōng. Gānggāng láidào chéngshì de tā duì yíqiè shìwù
名 女工。刚刚 来到 城市 的她对一切事物

dōu hěn hàoqí. Zài zhèli, tā dì-yī cì zhīdào yǒu yì zhǒng
都很好奇。在这里，她第一次知道有一种

yángkuàicān jiào Kěndéjī, yǒu yì zhǒng fúzhuāng jiào míngpáir,
洋快餐 叫肯德基，有一 种 服装 叫名牌儿，

yǒu yì zhǒng jīqì jiào diànnǎo. Zài zhèli, tā dì-yī cì
有一 种 机器 叫 电脑。在这里，她第一次

jiàndàole gāolóu dàshà, yóulèyuán hé háohuá qìchē. Tā
见到了 高楼大厦、游乐园 和 豪华 汽车。她

shēnshēn de xǐhuan shàng le zhèli de shēnghuó. Jǐnguǎn
深深 地喜欢 上 了这里的 生活。尽管

jítǐ sùshè tiáojiàn bú nàme hǎo, jǐnguǎn shítáng de shíwù
集体 宿舍 条件 不那么 好，尽管 食堂 的 食物

bú nàme xiāng, jǐnguǎn gōngzuò zǒngshì hěn mánglù, kěshì
不那么 香，尽管 工作 总是 很 忙碌，可是

tā yīrán hěn kuàilè de tóurù qízhōng. Liǎng nián hòu, Ā
她依然很快乐地投入 其中。两 年 后，阿

Fāng yǔ gōngchǎng li de lǎoxiāng Ā Qiáng liàn'ài le. zài
芳 与 工厂 里的 老乡 阿 强 恋爱 了。在

zhège chéngshì li, yǒule àiqíng, yǒule bànr, Ā Fāng de
这个 城市 里，有了 爱情，有了 伴儿，阿 芳 的

rìzi biàn de gèngjiā tiánmì, xīnli yě xiàng shì ānle jiā.
日子 变 得 更加 甜蜜，心里 也 像 是 安了 家。

Yòu guòle liǎng nián, tāmen yòng zhèxiē nián dǎgōng zǎnxià de
又 过了 两 年，他们 用 这些 年 打工 攒下 的

qián zài jiāxiāng gàile yì jiān xiǎo fángzi, bìng zài Chūn Jié
钱在家乡盖了一间小房子，并在春节

huíjiā tànqīn de shíhou bànle yì chǎng jiǎndān de hūnlǐ.
回家探亲的时候办了一场简单的婚礼。

Hūnlǐ jiéshù hòu, liǎng rén yòu tàshàngle jìnchéng dǎgōng de
婚礼结束后，两人又踏上了进城打工的

lù. Hòulái, Ā Fāng huáiyùn le, tā cíqù gōngzuò huíxiāng
路。后来，阿芳怀孕了，她辞去工作回乡

dàichǎn, Ā Qiáng jìxù
待产 (before giving birth of [her] child)，阿强继续

liúzài chéng li dǎgōng. Háizi jiàngshēng hòu, Ā Fāng yìbiān
留在城里打工。孩子降生后，阿芳一边

zhàokàn háizi yìbiān liàolǐ zhuāngjia, měi tiān zuì
照看孩子一边料理 (attend to) 庄稼，每天最

qīpàn de shìqing jiùshì jiēdào Ā Qiáng de diànhuà.
期盼的事情就是接到阿强的电话。

Zhuǎnyǎnjiān, háizi liǎng
转眼间，孩子两

suì le, Ā Fāng bǎ
岁了，阿芳把

háizi jiāo gěi zìjǐ de
孩子交给自己的

mǔqin zhàogù, zìjǐ
母亲照顾，自己

zàicì láidào Dōngwǎn,
再次来到东莞，

kāishǐle xīn de dǎgōng
开始了新的打工

shēnghuó. Ā Fāng shuō, dāng tā dì-yī yǎn kàn dào chéngshì
生活。阿芳说，当她第一眼看到城市
de shíhou, tā jiù jiāndìngle yào liú xiàlai de xiǎngfǎ. Tā
的时候，她就坚定了要留下来的想法。她
xǐhuan zhèli de rènao, fánhuá, gèng xīwàng zìjǐ de érzi
喜欢这里的热闹、繁华，更希望自己的儿子
yǐhòu kěyǐ zài zhèli shēnghuó, shòu jiàoyù. Xiànzài,
以后可以在这里生活、受教育。现在，
tāmen fūqī liǎ de fèndòu mùbiāo jiùshì zài duō zǎn diǎnr
她们夫妻俩的奋斗目标就是再多攒点儿
qián, kāi yì jiā zìjǐ de xǐyīdiàn, zìjǐ zuò lǎobǎn. Dào
钱，开一家自己的洗衣店，自己做老板。到
shíhou zū yí gè dà yìdiǎnr de fángzi, bǎ fùmǔ, érzi
时候租一个大一点儿的房子，把父母、儿子
dōu jiē guòlai, yì jiā rén kěyǐ xìngfú kuàilè de guòrìzi.
都接过来，一家人可以幸福快乐地过日子。

Nóngmíngōng wèile zhuīqiú gèng hǎo de shēnghuó láidào
农民工为了追求更好的生活来到
chéngshì dǎgōng, dàduō cóngshì tǐlì láodòng, rú jiànzhù
城市打工，大多从事体力劳动，如建筑
gōngrén, kuàidìyuán, sòngshuǐgōng, bǎo'ān, fúwùyuán děng.
工人、快递员、送水工、保安、服务员等。
Tāmen zuòzhe zuì xīnkǔ de gōngzuò, què názhe jiào shǎo de
他们做着最辛苦的工作，却拿着较少的
gōngqian. Jìn jǐ nián lái, zhèngfǔ jiādà duì zhè yì tèshū
工钱。近几年来，政府加大对这一特殊
qúntǐ de guānzhù, zhìdìngle zuì dī shēnghuó bǎozhàng,
群体的关注，制定了最低生活保障、

yīliáo bǎoxiǎn děng jīběn bǎozhàng zhìdù . Zài Běijīng ,
医疗保险等基本保障制度。在北京、
Shànghǎi děng nóngmíngōng jùjí de chéngshì zhuānmén
上海等农民工聚集的城市专门
kāibànle nóngmíngōng zǐdì xuéxiào , jiějuéle nóngmíngōng
开办了农民工子弟学校，解决了农民工
zǐnǚ de shàngxué nán wèntí , ràng nóngmíngōng de zǐnǚ yě
子女的上学难问题，让农民工的子女也
kěyǐ zài chéng li shòu jiàoyù .
可以在城里受教育。

yuè rì , Běijīng de yì suǒ nóngmíngōng zǐdì xiǎoxué
9月1日，北京的一所农民工子弟小学
yíngláile xīn yí jiè xuésheng . Zhè shì tāmen jiànxiào yǐlái de
迎来了新一届学生。这是他们建校以来的
dì-sì jiè xuésheng . Xiǎo Zhāng Shuài jiù shì qízhōng zhīyī .
第四届学生。小张帅就是其中之一。
Tā de fùmǔ dōu shì nóngmíngōng . Zài liǎojiě dào xiàng tāmen
他的父母都是农民工。在了解到像他们

zhèyàng de jiātíng kěyǐ sòng háizi dào zhège xuéxiào shàngxué
这样的家庭可以送孩子到这个学校上学

hòu, tāmen cóng lǎojiā jiēláile xiǎo Zhāng Shuài. Zhāng
后，他们从老家接来了小张帅。张

Shuài māma shuō: "Háizi cóngxiǎo jiù bú zài wǒmen shēnbiān,
帅妈妈说："孩子从小就不在我们身边，

wǒ zǒng juéde hěn duìbuqǐ háizi, xiànzài kěyǐ bǎ tā dài
我总觉得很对不起孩子，现在可以把他带

zài shēnbiān, duō gěi tā yìxiē guān'ài le."
在身边，多给他一些关爱了。"

Yěxǔ yǒuxiē rén huì wèn, xiànzài nóngcūn de shēnghuó
也许有些人会问，现在农村的生活

shuǐpíng tígāo le, jīngjì shōurù yě zēngjiā le, wèishénme
水平提高了，经济收入也增加了，为什么

nóngmínmen hái huì dào chéngshì li dǎgōng ne? Zhè qízhōng
农民们还会到城市里打工呢？这其中

de yuányīn shì fùzá de. Yì fāngmiàn, nóngmínmen duì
的原因是复杂的。一方面，农民们对

chéngshì shēnghuó chōngmǎn měihǎo xiàngwǎng, xīwàng kěyǐ
城市生活充满美好向往，希望可以

xiǎngshòu chéngshì li de yōuzhì zīyuán; lìng yì fāngmiàn, tāmen
享受城市里的优质资源；另一方面，他们

zìshēn yǐjí jiātíng de tiáojiàn zhìshǐ tāmen gèng shìhé wàichū
自身以及家庭的条件致使他们更适合外出

dǎgōng, bǐrú gēngdì miànjī xiǎo, jiātíng láodònglì shǎo děng.
打工，比如耕地面积小，家庭劳动力少等。

Hēilóngjiāng Shěng Suíhuà Shì de yí wèi hòu nóngmín jiùshì
黑龙江省绥化市的一位80后农民就是

yí gè lìzi :
一个例子：

Tā jiā yǒu sān kǒu rén , gòng yǒu shuǐtián liǎng gōngqǐng ,
他家有三口人，共有水田两公顷，
fùmǔ niánjì jiào dà , hěn nán chéngdān nóngtián gēngzuò .
父母年纪较大，很难承担农田耕作。
Yúshì , tā bǎ zhè liǎng gōngqǐng shuǐtián chūzū , měinián shōu
于是，他把这两公顷水田出租，每年收
zūjīn liǎng wàn yuán . Tā zìjǐ jìnchéng wùgōng , měi niánshōurù
租金两万元。他自己进城务工，每年收入
sān wàn yuán zuǒyòu . Chúqù jīběn shēnghuó fèiyong , hái néng
三万元左右。除去基本生活费用，还能
shèng liǎng wàn duō yuán . Ér rúguǒ tā zìjǐ zhòngdì de huà ,
剩两万多元。而如果他自己种地的话，
liǎng gōngqǐng shuǐtián yì nián zuì duō néng zhuàn wàn qiān yuán .
两公顷水田一年最多能赚3万4千元。

Zhèyàng kàn lái , wàichū dǎgōng jiāshàng chūzū tiándì de
这样看来，外出打工加上出租田地的
shōurù bǐ zhòngtián yào gāo . Xiànzài , zài xiàndàihuà de nóngyè
收入比种田要高。现在，在现代化的农业
shēngchǎn tiáojiàn xià , zhǒng de dì yuè duō , dānwèi miànjī
生产条件下，种的地越多，单位面积
chéngběn yuè dī , zhuàn de yě jiù yuè duō . Ér duìyú gēngdì
成本越低，赚的也就越多。而对于耕地
miànjī jiào shǎo de rén láishuō , chūzū gēngdì , wàichū dǎgōng
面积较少的人来说，出租耕地、外出打工
shì yí gè hěn hǎo de xuǎnzé .
是一个很好的选择。

Jìnchéng de nóngmíngōngmen tōngguò xīnkǔ de gōngzuò lái
进城的农民工们通过辛苦的工作来

gǎishàn zìjǐ de shēnghuó, tóngshí yě wèi chéngshì de jiànshè
改善自己的生活，同时也为城市的建设

gòngxiànle lìliang.
贡献了力量。

Huíjiā Zhòngdì Qu

回家种地去

nián de xiàtiān, dàxuéshēng Lǚ Fēi zuòle yí gè
2010 年的夏天，大学生鲁飞做了一个
jīngrén de juédìng: huíjiā zhòngdì qu. Zhè yì nián de yuè,
惊人的决定：回家种地去。这一年的7月，
tā gānggāng qǔdéle jīngjì guǎnlǐ shuòshì xuéwèi. Tā yì
他刚刚取得了经济管理硕士学位。他一
kāishǐ hé tóngxuémen yíyàng, dǎsuàn zài chéng li zhǎo gè
开始和同学们一样，打算在城里找个

gōngzuò, dànshì jīnglìle jìn bàn nián jiānxīn de qiúzhí
工作，但是经历了近半年艰辛的求职
shēnghuó hòu, tā zuìzhōng xuǎnzéle huí lǎojiā, huídào nàge
生活后，他最终选择了回老家，回到那个
shēng tā yǎng tā de xiǎo shāncūn qù zhòng guǒshù. Lǔ Fēi
生他养他的小山村去种果树。鲁飞
shuō tā běnlái kěyǐ xuǎnzé liúzài shěngchéng, huò qù guóqǐ,
说他本来可以选择留在省城，或去国企，
huò qù wàiqǐ, huò kǎo gè gōngwùyuán, dànshì zài qiúzhí de
或去外企，或考个公务员，但是在求职的
guòchéng zhōng, tā qīngchu de rènshi dào le dāngqián shèhuì
过程中，他清楚地认识到了当前社会
de xiànzhuàng. Zài dà dūshì zhōng, xiàng tā zhèyàng de
的现状。在大都市中，像他这样的
dàxuésheng bǐbǐ-jiēshì, jiùsuàn
大学生比比皆是 (be great in number)，就算
zhǎodào yí gè búcuò de gōngzuò, yě zhǐnéng nádào
找到一个不错的工作，也只能拿到 3000
yuán zuǒyòu de yuèxīn, zhè diǎnr gōngzī xiāngduì yú chéngshì
元左右的月薪，这点儿工资相对于城市
zhōng búduàn pānshēng de fángjià láishuō, jiǎnzhí shì
中不断攀升的房价来说，简直是
bēishuǐ-chēxīn. Gèng zhòngyào de shì,
杯水车薪 (a drop in the bucket)。更重要的是，
zhè yǔ tā de mèngxiǎng xiāngqù shèn yuǎn.
这与他的梦想相去甚远。

nián, Lǔ Fēi chéngwéi jiāxiāng dì-yī gè kǎoshàng
2003 年，鲁飞成为家乡第一个考上

zhòngdiǎn dàxué de dàxuéshēng. nián, tā yòu chéngwéile
重点 大学的 大学生。2007年，他又 成为了

zhège cūnzi li de dì-yī gè shuòshì. Fùmǔ hé xiāngqinmen
这个 村子 里 的 第一 个 硕士。父母 和 乡亲们

duì tā jìyǔ hòuwàng, xīwàng tā zǒuchū dàshān, chéngwéi
对 他 寄予 厚望，希望 他 走出 大山，成为

yí gè chéng li rén. Fùmǔ hé xiāngqinmen dōu bù néng lǐjiě tā
一个 城 里人。父母和 乡亲们 都 不 能 理解他

huíxiāng zhòngdì de xiǎngfa. Lǔ Fēi jiù xiàng fùmǔ jiǎngshùle
回乡 种地 的想法。鲁 飞 就 向 父母 讲述了

zìjǐ de dǎsuan, tā yào yòng suǒ xué de zhīshi, fāzhǎn
自己 的 打算，他 要 用 所 学 的 知识，发展

jiāxiāng de píngguǒ chǎnyè, ràng mànshān-biànyě de píngguǒ
家乡 的 苹果 产业，让 漫山遍野 的 苹果

bāngzhù xiāngqinmen guòshàng fùyù de shēnghuó.
帮助 乡亲们 过上 富裕的 生活。

Zài fùmǔ hé xiāngqinmen de zhìyí shēng zhōng, Lǔ Fēi zài
在父母和 乡亲们 的质疑 声 中，鲁飞在

cūntóu zūle yì jiān fáng, yòu xiàng cūnzhǎng shē-
村头 租了 一 间 房，又 向 村长 赊(buy on credit)

le hòushān de shí mǔ guǒyuán liǎng nián de chéngbāoquán,
了 后山 的 十 亩 果园 两 年 的 承包权，

kāishǐle tā de nóngmín shēnghuó. Tā yìbiān xuéxí nóngyè
开始了 他 的 农民 生活。他 一边 学习 农业

zhīshi yìbiān mōsuǒzhe shíjiàn. Liǎng gè yuè hòu, Lǔ Fēi de
知识一边 摸索着 实践。两 个 月 后，鲁 飞 的

nǚpéngyou cíle gōngzuò lái hé tā yìqǐ zhòng guǒshù.
女朋友 辞了 工作 来和他一起 种 果树。

Dì-yī nián, Lǔ Fēi de guǒyuán shōucheng bìng bù lǐxiǎng,
第一年，鲁飞的果园 收成 并不理想，

tā hé nǚpéngyou jījí xúnzhǎo yuányīn, qù túshūguǎn dú
他和女朋友积极寻找原因，去图书馆读

zhuānyè shūjí, qù wǎngshang cházhǎo zīliào, qù shěngchéng
专业书籍，去 网上 查找资料，去 省城

de dàxué zīxún zhuānjiā. Dì-èr nián, tāmen yǐnjìnle xīn
的大学咨询专家。第二年，他们引进了新

jìshù, gèngjiā xīxīn de zhàogù guǒshù, búduàn yánjiū,
技术，更加悉心地照顾果树，不断研究，

búduàn chángshì, zhōngyú qǔdéle dà fēngshōu, yě ràng
不断 尝试，终于取得了大丰收，也让

xiāngqinmen shùqǐle dàmǔzhǐ
乡亲们 竖起了 大拇指 (put up a thumbs-up

. Lǔ Fēi shuō, huíxiāng zhòng guǒshù shì tā zuòguo
gesture)。鲁飞说，回乡种果树是他做过
de zuì yǒnggǎn yě shì zuì zhèngquè de juédìng. Xiànzài, tā
的最勇敢也是最正确的决定。现在，他
de mùbiāo shì zài tígāo píngguǒ chǎnliàng hé zhìliàng de
的目标是在提高苹果产量和质量的
tóngshí, nǔlì tuòzhǎn píngguǒ shēn jiāgōng zhī lù, tōngguò
同时，努力拓展苹果深加工之路，通过
zhāoshāng yǐnzī, fāzhǎn jùyǒu tèsè de píngguǒ chǎnyè.
招商引资，发展具有特色的苹果产业。

Dāngqián, suízhe nóngcūn de kuàisù fāzhǎn, yǒu hěn duō
当前，随着农村的快速发展，有很多
xiàng Lǔ Fēi yíyàng láizì nóngcūn de dàxuéshēng zài bìyè hòu
像鲁飞一样来自农村的大学生在毕业后
xuǎnzé huídào jiāxiāng fāzhǎn. Tāmen xiāngxìn guǎngkuò tiāndì
选择回到家乡发展。他们相信广阔天地
dàyǒu-zuòwéi , tāmen yuànyi bǎ zìjǐ
大有作为 (be very promising)，他们愿意把自己
suǒ xué de zhīshi yòngyú jiāxiāng jiànshè, qīwàng yòng zìjǐ de
所学的知识用于家乡建设，期望用自己的
shuāngshǒu gǎishàn nóngcūn de luòhòu zhuàngkuàng. Zhèxiē
双手改善农村的落后状况。这些
huíxiāng de niánqīngrén bùjǐn bǎ zhīshi dàihuíle nóngcūn,
回乡的年轻人不仅把知识带回了农村，
gèng bǎ wàimian shìjiè de xīnxian shìwù dàidàole nóngcūn.
更把外面世界的新鲜事物带到了农村。
Tāmen jiànlì nóngyè jìshù tuīguǎng wǎngzhàn, jiāo nóngmín
他们建立农业技术推广网站，教农民

shàngwǎng xuéxí, shǒu bǎ shǒu de zhǐdǎo nóngmín zhǎngwò
上网学习，手把手地指导农民掌握
xiānjìn jìshù, kāifā nóngchánpǐn shēn jiāgōng, yǐnjìn dà
先进技术，开发农产品深加工，引进大
qǐyè ... Tāmen chéngwéi gǎibiàn jiāxiāng miànmào de xīnshēng
企业……他们成为改变家乡面貌的新生
lìliang.
力量。

Yǔ xiāngcūn dàxuéshēng huíxiāng fāzhǎn de qíngkuàng
与乡村大学生回乡发展的情况
lèisì, dàpī suízhe dǎgōng rècháo zǒuchū nóngcūn de
类似，大批随着打工热潮走出农村的
nóngmíngōng xuǎnzéle fǎnxiāng. Xiǎo Chén fūfù jiù shì
农民工选择了返乡。小陈夫妇就是
fǎnxiāng dàjūn zhōng de dàibiǎo. nián Chūn Jié, Xiǎo Chén
返乡大军中的代表。2011年春节，小陈
fūfù tuìle chéng li zū zhù de fángwū, shōushi hǎo le
夫妇退了城里租住的房屋，收拾好了
quánbù jiādàng, tàshàngle fǎnxiāng zhī lù. Tāmen zài chéngshì
全部家当，踏上了返乡之路。他们在城市
li dǎpīnle wǔ nián, Xiǎo Chén zài jiànzhù gōngdì dāng
里打拼了五年，小陈在建筑工地当
gōngrén, àirén zài mǒu qǐyè shítáng dāng chúgōng, tāmen
工人，爱人在某企业食堂当厨工，他们
xīnxīnkǔkǔ gōngzuò, kě shǐzhōng wúfǎ róngrù zhège chéngshì.
辛辛苦苦工作，可始终无法融入这个城市。
Yǎnjiànzhe nóngcūn kuàisù fāzhǎn, tāmen juédìng huíjiā zhòngdì
眼见着农村快速发展，他们决定回家种地

qu . Xiǎo Chén zài xīnli suànguo yì bǐ zhàng, tā hé qīzi
去。小 陈 在 心里 算过 一 笔 账，他 和 妻子

huíxiāng zhòngdì hòu, zhèngcháng niánjǐng xià, chúnshōurù yǔ
回乡 种地 后， 正常 年景 下，纯收入 与

xiànzài de dǎgōng shōurù chàbuduō, bìngqiě nóngxián de shíhou
现在 的 打工 收入 差不多，并且 农闲 的 时候

hái kěyǐ jiùjìn dǎgōng. Zhèyàng suàn xiàlai, měi nián yào
还 可以 就近 打工。这样 算 下来，每 年 要

bǐ xiànzài duō shōurù yì-liǎng wàn.
比 现在 多 收入 一两 万。

Miànduì chéngshì zhōng rìyì zēngzhǎng de wùjià, tèbié
面对 城市 中 日益 增长 的 物价，特别

shì jiéjié pānshēng de fángjià, nóngmíngōngmen hěn nán zài
是节节攀升的房价，农民工们很难在
chéngshì dìngjū. Yǔcǐ tóngshí, yí xìliè fúchí nóngyè hé
城市定居。与此同时，一系列扶持农业和
nóngcūn fāzhǎn zhèngcè de chūtái hé shíshī, wèi nóngyè,
农村发展政策的出台和实施，为农业、
nóngcūn de fāzhǎn chuàngzàole yǒulì de tiáojiàn, wèi nóngmín
农村的发展创造了有力的条件，为农民
shēnghuó shuǐpíng de tígāo diàndìngle jīchǔ. Jìnniánlái,
生活水平的提高奠定了基础。近年来，
nóngcūn xīnxīn-xiàngróng de fāzhǎn jǐngxiàng, xīyǐnle yuèláiyuè
农村欣欣向荣的发展景象，吸引了越来越
duō de nóngcūn qīngnián huídào jiāxiāng. Zài wèi jiāxiāng jiànshè
多的农村青年回到家乡。在为家乡建设
gòngxiàn zìjǐ de yí fèn lìliang de tóngshí, shíxiàn zìjǐ
贡献自己的一份力量的同时，实现自己
zhuīqiú xìngfú shēnghuó de měihǎo yuànwàng, qǐbúshì
追求幸福生活的美好愿望，岂不是
liǎngquánqíměi?
两全其美？

策　　划：黄友义　王君校　韩　晖　付　眉
责任编辑：杨　晗
英文编辑：范逊敏　薛彧威
封面设计：何思倩

图书在版编目（CIP）数据

乡土家园：汉英对照 / 袁牧编著. -- 北京:华语教学出版社，2018.10
（当代中国微记录）
ISBN 978-7-5138-1635-9

Ⅰ. ①乡… Ⅱ. ①袁… Ⅲ. ①汉语－对外汉语教学－语言读物 Ⅳ. ①H195.5

中国版本图书馆CIP数据核字(2018)第226469号

乡土家园

袁　牧　王伟明　彭　博　编著
*

华语教学出版社有限责任公司出版
（中国北京百万庄大街24号　邮政编码100037）
电话：(86)10-68320585　68997826
传真：(86)10-68997826　68326333
网址：www.sinolingua.com.cn
电子信箱：hyjx@sinolingua.com.cn
北京玺诚印务有限公司印刷
2019年（32开）第1版
2019年第1版第1次印刷
ISBN 978-7-5138-1635-9
定价：38.00元